尾木直樹

取り残される日本の教育

わが子のために親が知っておくべきこと

講談社+α《プラスアルファ》新書

◉目次

序章　日本の子どもが危ない

「仲良し親子」の不安

最近の子どもたちを見ていて、不安を感じることがあります。そんなふうに言うと、「いつの時代も、年長者は若者を憂《うれ》い、『いまどきの子どもは……』と批判したがるものだ」と、笑い飛ばす人もいるでしょう。しかし、いま私が訴えている「子どもへの不安」は、そんな年寄りの懐《かい》古《こ》主義的「ぼやき」ではありません。もっと深刻な問題です。

日本の子どもや若者の自立の遅れに危機感を覚え、私が『親子共依存』（ポプラ社）でその原因や背景、解決策を探ったのは２０１５年2月のことでした。

しかし、その後、事態はいっそう悪化していきました。

私の不安を煽《あお》った「極めつき」は、２０１６年3月に明治安田生活福祉研究所が行った「親子の関係についての意識と実態」という調査で明らかにされた、〝異常〟ともいえるような、「仲良し親子」の関係性です。

この調査では、たとえば、「いつまで異性の親と一緒に入浴をしていたか」という問いに「小学校4〜6年生まで」（または「中学生以降も」）と答えた割合が、10代後半男子では21・0％、10代後半女子では28・6％にも上っているのです。男子で2割、女子で3割近くもの子どもたちが、「思春期が始まる頃」といわれる小学校中高学年になっても異性の親と平気でお風呂に入っ

いつまで母親と入浴していたか（男性）

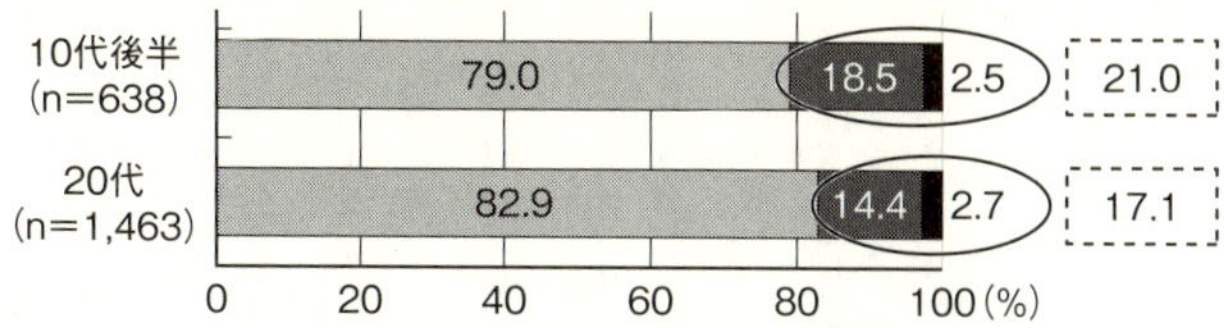

いつまで父親と入浴していたか（女性）

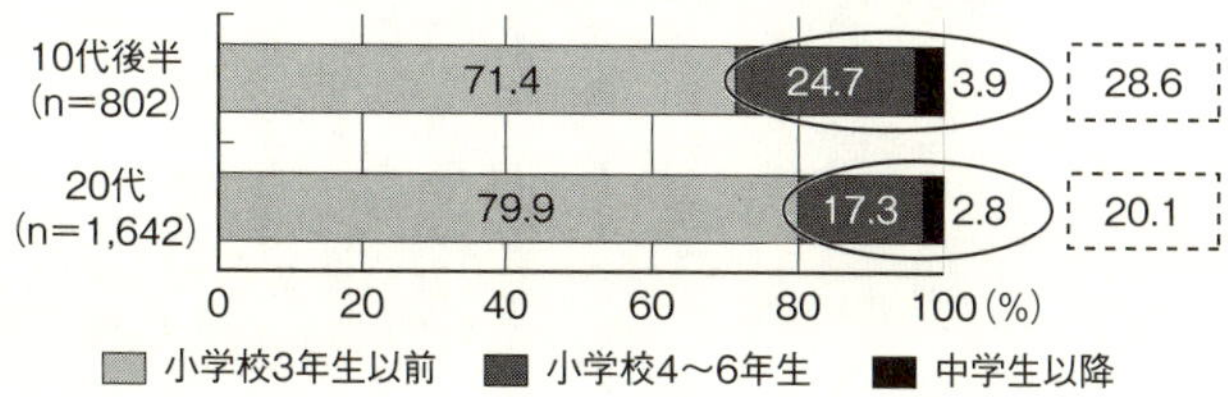

注）調査対象：親（35〜59歳の中学生〜29歳の子を持つ親）9,715人、子（15〜29歳の未婚男女）5,803人。
調査時期：2016年３月
出典：明治安田生活福祉研究所「親子の関係についての意識と実態―親１万人・子ども6千人調査―」(2016年7月発表)

ているという状況は、全く異常です。

しかも、こうした現象が近年、急激に顕著になってきていることも気がかりです。

同じ質問を20代の男女にもしているのですが、20代では、異性の親と「小学校4〜6年生まで」（または「中学生以降も」）入浴していたと答えた割合が、10代後半に比べて4〜8ポイント低いのです。さらに上の年代に同じ質問をしたら、その数値は大きく下がるはずです。つまり、親子が異常なまでに密着しているこれらの現象は、この5〜6年という短いスパンで急速に進んだと推測されるのです。

「異性の親との入浴」を問う設問はもっ

ともインパクトの強い内容ですが、同じ調査では、「反抗期の有無」や「親子で外出するか」「悩み事の相談相手は誰か」についても聞いています。その結果、いまの子どもたちは親世代と比べて、反抗期が減り、親子2人きりでの外出機会が増え、悩みごとの相談は同世代の友だちよりも親に持ちかけるケースが急増している実態が明らかになりました。

最近では、親が子どもの進学や就活、婚活にも積極的に関わり、この激変する時代にもかかわらず、親の意向によって人生の方向性まで決められてしまう若者も少なくないという話を見聞きします。親が子どもの人生に関与しすぎるのと同時に、子どもも親の介入を拒《こば》まないという、私たちの世代には違和感を覚えるような現象が、いまの日本で起きているということです。

このように、親子関係が密着する一方で、日本の若者の自己肯定感の低さも指摘されています。

内閣府の「子ども・若者白書」（2014年版）によれば、「自分自身に満足している」「自分には長所がある」と答えた若者の割合は、いずれも調査対象の7ヵ国（日本、韓国、アメリカ、イギリス、ドイツ、フランス、スウェーデン）中最下位です。日本の子どもは、自己を確立していくうえで非常に重要な、〝ありのままの自分を認める〟ことが、どうやらあまりできていないようなのです。

「親子の仲がよいに越したことはない。いったい、何の問題があるんですか」という声もあるかもしれません。しかし、その見方は、一面では正しいようで、大きな危険性を秘めているといえます。

思春期から青年期にかけては、子どもが精神的に自立し、大人に成長していく大切な時期です。親の庇護《ひご》という傘の下から一歩抜け出して、自分なりの考えや価値観を持ち、自分で判断するトレーニングが必要なのです。その時期に、親が子に干渉《かんしょう》しすぎ、子も親に依存するといった関係を続けていると、子どもはいつまでも自立ができません。30代、40代になっても自立できず、精神的にも経済的にも親に依存し続けるようになってしまったら、どうするのでしょうか。親はいつまで子どもの面倒をみるつもりなのでしょうか。

相互に密着し、依存し合う親子が急増している現在の日本は、大人になれない「大きな子ども」が溢《あふ》れる社会だということもできます。危機的だといっても過言ではありません。

もちろん、家庭は子どもの健全な成長にとって非常に大切な場であり、親に重要な責任があることには違いありません。けれども、それが行きすぎて、親子が密接化していかざるをえない状況が生まれている。その背景には、日本の教育や社会が抱える大きな問題やゆがみがあるのではないでしょうか。そうした実態と根本原因に目を向けなければ、状況は今後、ますます悪化するばかりでしょう。

時代に後れた大人の教育常識

２０１６年11月8日、世界に激震が走りました。直前までの予想を覆《くつがえ》し、不動産王のドナルド・トランプ氏が次期アメリカ大統領に選出されたのです。

言うまでもなく、その主張はアメリカ第一主義や女性・マイノリティ・宗教差別であり、移民に対しては、メキシコ国境に壁を築くなどと耳を疑う見解を述べています。日本に対しても、在日米軍の駐留経費負担や、のちに否定してみせましたが、核武装化容認など暴論とも思える発言をしています。

一方で、イギリスでは、２０１６年6月に国民投票でEUからの離脱が決定し、フィリピンではドゥテルテ大統領の独裁体制が強化されるなど、グローバリズムへの反動とも受け取れる政治情勢の転換が世界各地で起きています。国際的政治の激動期を迎えているのかもしれません。

日本においても、ネット社会の急激な拡大・浸透と、グローバル化の大波を受けて、社会の変化するスピードは近年加速しています。私たちが子どもだった頃の日本の社会と比べると、現代の社会は全く様変わりしました。同様に、いまの子どもたちが大人になって生きる社会も、現在とは大きく変化していることでしょう。

そうした先が読みにくい社会において、人が自分の居場所を見つけ、社会に何らかの役割を果たし、自身も充実感や達成感を得ながら人生を歩んでいくためには、どんな力が必要なのか。その力の醸成に決定的な作用を及ぼすものの一つが、「教育」ではないでしょうか。

ひとくちに「教育」といっても、学校で受ける教育、各家庭の〝文化〟の下で受ける教育、そして、地域社会でいろいろな人との関わりを通して受ける地域での教育、それに、今日ではネットによる、直接対面しない相手から受けるＩＣＴ教育（情報通信技術を利用・活用した教育）というように、多様な教育の姿があります。

人は生まれたときから、多様な場で、たくさんの人々と出会い、さまざまな経験を通して学び、それが血肉となって一人の社会人に育っていきます。

もし、その成長の過程で、現代に必要な然《しか》るべき教育が受けられなければ、子どもたちは社会を支え、発展させる一員としての成熟した〝大人〟にはなれないかもしれません。人を人として成長させるうえで、「教育」は決定的に必要なものであり、その影響力はきわめて大きいということです。

しかし、この国、日本において、「教育」はどれだけ大切にされているでしょうか。

政治家が選挙の際にマニフェストに掲げるのは、第一に経済問題、第二に高齢者福祉問題でしょう。近頃は保育園の待機児童の問題がクローズアップされるようになり、ようやく「子育て」にも光が当たるようになりました。しかし、少子化対策に直結する保育園増設には力を入れても、すでに生まれた子どもに〝よりよい教育を提供しよう〟などと力説する政治家には、あまりお目に掛かりません。教育はすぐに成果が出るわけではないからでしょうか。非常に残念と言わざるをえません。

「子どもを自立させられるかどうかは各家庭の問題。自立できなくて困るのは、本人とその親くらいのものでしょう」

そう考えている人も多いのかもしれません。しかし、果たして、本当にそうなのでしょうか。子どもが自立できなかったり、必要な知識や技術、力を身につけられなかったり、能力を伸ばせなかったりすることは、本人とその家族の問題に過ぎず、社会とは無関係な問題と言い切れるでしょうか。

実は、これほど「教育」に対して経験主義に陥《おちい》り、視野の狭《せま》い国は珍しいのです。私は、日本の国民の多くに見られる、「教育」に対するまるで〝麻痺《まひ》したような感覚〟を、このまま放っておいてはいけないと感じています。

私たちは、現在日本で子どもたちに行われている教育を、世界に共通する〝当たり前の制度や思想〟と思いがちですが、本当に〝当たり前〟なのでしょうか。一度、海外にもしっかり目を向けて、相対視する必要があるように思います。

こうした問題意識から、本書においては、経済領域にも視野を広げ、世界との比較から日本の教育の後《おく》れにアプローチしてみました。また、世界標準の学力を捉《とら》えるうえで主にＯＥＣＤ（経済協力開発機構）のデータや提言を参考にしました。ＰＩＳＡ《ピザ》調査をはじめＯＥＣＤの学力の捉え方は一面的過ぎるとの批判や、その影響の高まりを懸念する声もありますが、質・量ともに国際的で信頼性の高い調査を行っているので、基準の一つとしては有効だと考えました。日本の教育観や制度について考えるにあたっては、フィンランドやオランダの事例を中心に取り上げました。

不安定で先行き不透明な時代をも生き抜く、たくましい本当の「教育」とは何なのか。そして、危機的な状況にある日本の子どもたちに、これからどのような「教育」を提供していけばよいのか。そのことを真剣に考えていきたいと思います。

また、学校だけではなく、子どもたちが輝く居場所づくりに取り組むには、どうすればよいのかについても、具体性のある展望を皆さんと一緒に考えていきたいと思います。

第1章　東大のアジア首位陥落の衝撃

もはや世界レベルではない日本

２０１６年６月、世界の大学ランキングを毎年発表しているイギリスの教育専門誌『タイムズ・ハイヤー・エデュケーション』（ＴＨＥ）が、アジアの大学ランキングを発表しました。それによると、前年まで３年連続でトップだった東京大学が７位に転落し、京都大学も９位から11位へ、東北大学も19位から23位へと、日本の大学が軒並み順位を下げる結果となりました。

近年、日本の大学はアジアでも上位を占めることができず、ランキングのトップ10に並んでいるのは、シンガポールを筆頭に、中国や香港、韓国の大学です。

「アジアでも」と言ったのは、世界レベルで見れば、日本の大学のランキングはもっと低落しているからです。２０１６年９月に同誌が発表した世界大学ランキングでは、東京大学は39位。前年の43位からは少し順位を上げましたが、２年前の20位からは大きく後退したままです。東京大学は日本のトップですから、他大学の順位は〝推《お》して知るべし〟です。

２０１３年、政府は『日本再興戦略― JAPAN is BACK ―』において、「今後10年間で世界大学ランキングトップ１００に10校以上を入れる」という目標を掲げたにもかかわらず、ランキングトップ１００に入った大学は、東京大学と91位の京都大学の２校のみです。日本の大学の惨憺《さんたん》たる現状とは裏腹に、同じアジアでも、シンガポールや中国の大学は上位に食い込み始めてい

THEアジア大学ランキング2016

順位	大学名	国・地域
1	シンガポール国立大学	シンガポール
2	南洋理工大学	シンガポール
2	北京大学	中国
4	香港大学	香港
5	清華大学	中国
6	香港科技大学	香港
7	東京大学	日本
8	ポハン（浦項）工科大学	韓国
9	ソウル大学	韓国
10	韓国科学技術院	韓国
11	京都大学	日本
23	東北大学	日本
24	東京工業大学	日本
30	大阪大学	日本

ＴＨＥ世界大学ランキング2016-2017

順位	大学名	国・地域
1	オックスフォード大学	イギリス
2	カリフォルニア工科大学	アメリカ
3	スタンフォード大学	アメリカ
4	ケンブリッジ大学	イギリス
5	マサチューセッツ工科大学	アメリカ
6	ハーバード大学	アメリカ
7	プリンストン大学	アメリカ
8	インペリアル・カレッジ・ロンドン	イギリス
9	チューリッヒ工科大学	スイス
10	カリフォルニア大学バークレー校	アメリカ
10	シカゴ大学	アメリカ
39	東京大学	日本
91	京都大学	日本
201 ～ 250	東北大学	日本
251 ～ 300	大阪大学	日本
251 ～ 300	東京工業大学	日本

出典：Times Higher Education：Asia University Rankings 2016, World University Rankings 2016-2017

て、勢いさえ感じさせます。

なぜ、日本の大学はこんなにも世界に後《おく》れを取ってしまっているのでしょうか。

THEの大学ランキングは、「教育」「研究」「引用された論文数」「国際性」「産業界からの収入」の5分野の評価を点数化し、その合計点で順位づけされます。このうち、日本の大学が総じて弱いのは「国際性」であることが以前から指摘されています。

また、最近は日本の論文引用率が低下傾向にあり、ここでも大きくポイントを下げたとされています。

その大きな要因のひとつは、財務省にあるのではないでしょうか。国立大学法人への予算は毎年減り続け、2004～14年の10年間で1300億円、すなわち予算のおよそ1割が削減されました。また、最近は比較的短期で成果の出やすい〃実用的な〃研究へ重点的に予算が配分されるため、将来的に役に立つのかどうかわからないとされる基礎研究は萎縮《いしゅく》しつつあります。

2000年代の小泉純一郎・竹中平蔵コンビの構造改革は、「選択と集中」の掛け声のもとに新自由主義的路線をひた走り、〃聖域〃とされていた教育の世界に競争原理を持ち込みました。その結果、大学の研究も実学重視に偏向してきているのです。

目先の成果を追い求めるあまり、長期的な視点で見れば豊かな可能性を秘めている領域がどんどん先細りになってしまっている。このような環境下では、腰を据《す》えて自由な発想で学問研究を行うことは非常に困難です。

かくして、日本国内では〝最高峰〟といわれる東京大学でさえ、世界ではトップレベルに追いつくことができずにいるのです。

私はいま、「大学の世界ランキング」という非常にわかりやすい例を持ち出しました。中には、「東大や京大、世界のトップクラスの大学に通うほんの一握りのエリートの問題と、うちの息子や娘の問題は全く別次元の話だよ」と思う人もいるかもしれません。そこで、次に、OECDが2000年から3年に一度実施している「生徒の学習到達度調査」(PISA)の結果を紹介することにしましょう。

PISAは、OECD加盟国をはじめとする世界の15歳の男女を対象に、「数学的リテラシー」「科学的リテラシー」「読解力」の3科目についてテストを受けてもらい、その結果に基づき、義務教育の習得度を測る調査です。2012年調査では、世界の65の国と地域から約51万人が参加しており、国際的信頼度が高いといわれています。

初回の2000年、日本のPISAランクは、数学的リテラシー1位、科学的リテラシー2位、読解力8位でした。しかし、それに続く2003年、2006年の2回の順位は連続してダウンし、とくに2006年調査では前回2003年からそれぞれ数学的リテラシーが6位から10位へ、科学的リテラシーが2位から6位へ、読解力も14位から15位へと後退しました。

ＰＩＳＡの調査対象は、日本の場合、高校1年生にあたります。まず、全国の高校や中等教育学校後期課程、高等専門学校から調査する学校を抽出し、さらに各学校から無作為に調査対象となる生徒を選びます。２０１2年の場合、約１１9万人の高校1年生の中から、約６４００人（１９1校）が選ばれ、試験に臨みました。

つまり、ＰＩＳＡの結果は、偏差値の高い高校もそうでない高校も、また、成績優秀な生徒もそうでない生徒も混在した、平均的な日本の15歳の学力を反映しているといえます。ですから、ＰＩＳＡの結果が他国よりも低いということは、日本の子どもの学力がほかの国々の子どもより低くなっていることの表れともいえるのです。

幸い、その後の２００9年、２０１2年の調査では、日本は数学的リテラシーが9位↓7位、科学的リテラシーが5位↓4位、読解力が8位↓4位と、やや持ち直してきました。順位だけが重要なわけではありませんが、このままの学力水準を維持できるのか、あるいはもっと上のレベルを目指せるのかについては、楽観はできません。

すでに調査が終了した２０１5年には、従来の3科目に「協同問題解決能力」が加わり、２０１8年調査からは「グローバル・コンピテンス」（異文化対応能力）という新分野も増えます。多様化する「世界の学力」に日本の教育がついていけるのかどうか、ますます厳しく問われることになるでしょう。

教育水準の高さは過去の栄光

しかし、このような事例を挙げても、「世界的に見ると日本の教育レベルは低い」「日本人の学力が危うい」という現実が「信じられない」という人は少なくないかもしれません。

私たちは、幼い頃から「日本人は勤勉で、教育熱心である」と教えられてきました。江戸時代には、武士の子息だけでなく、庶民の子どもも男女を問わず寺子屋へ行き、読み書きそろばんを学んだものです。その時代の就学率は70％以上ともいわれており、同じ時代のイギリスやフランスよりもはるかに高かったことが知られています。黒船でやって来たペリーが、日本人の書物好きと識字率の高さに驚いたというエピソードも残っています。

また、第2次世界大戦後に日本の占領政策を実施したＧＨＱ（連合国軍最高司令官総司令部）は、「日本語のローマ字化」を推し進めるためアメリカから教育使節団を派遣させ、日本の各所で日本人の漢字の読み書きの能力を調査したそうです。ＧＨＱは、日本で難しい漢字が読めるのは高学歴のエリートのみで、一般の民衆は文字など読めないから正しい情報を得ることができず、やみくもに無謀な戦いに邁進《まいしん》してしまったのだろうと考えていたのです。

ところが、実際に全国で調査をしてみると、都会か田舎かにかかわらず、学歴や収入水準にも関係なく、ほとんどの人が読み書きができることがわかりました。さらに、導き出された識字率は97・9%というきわめて高い数字でした。この事実に、アメリカ人は感嘆したといわれています。「文字の読めない日本人はほぼいない」ことが判明し、これでは「日本語のローマ字化」などできるはずがないと、ローマ字化計画は頓挫《とんざ》してしまったというのです。

こうした美談を聞かされて育ってきた私たちは、いつしか「日本は教育水準の高い国である」という〝思い込み〟から抜け出せなくなっていたとも考えられます。しかし、社会の成熟度が進んだ平成のいま、日本は世界や時代の趨勢から大きく取り残されつつあるという現実を受け入れなくてはなりません。

現代の最先端の教育は、もはや人々の識字率を向上させるような基礎教育の普及を目指すためのものではありません。文字の読み書きができるかどうかで学力が判定できるような時代ではないからです。では、いま問われている「真の学力」とはいかなるものでしょうか。

そう訊《き》かれれば、多くの日本人が、「高校や大学入学試験で高得点を取ることができる力」と答えるのではないでしょうか。漢字や英単語をたくさん覚えられる、難しい計算が速くできる、歴史の年表をすっぽり頭の中に入れられる……。受験戦争を経験してきた人たちなら、そういう答えが返ってきても不思議ではありません。

たとえば日本では、「百ます計算」が〝計算力がつく〟ともてはやされています。また、短時間で集中して辞書を引くスキルが身につくとされる「辞書引き競争」もありました。これは、子ども同士で辞書を引くスピードや、どれだけたくさんの単語を調べられたかを競わせるゲームで、一部の学校や学習塾などが積極的に取り組んでいます。

しかしながら、このように、ひたすらトレーニングを繰り返し、「速さ」やこなした「量」を評価したり、さらには人と競わせたりする学習法によってつく力は、いま世界で共通認識されている「学力」とは異なるものなのです。日本人が〝受験で勝つ〟ために駆使《くし》している単純計算力や暗記力といった「学力」は、すでに海外では評価されなくなっている、ということです。

世界共通のPISA型学力

では、世界の共通認識となっている「学力」とは、具体的にどのような力を指しているのでしょうか。そのひとつのモデルとなっているのが、前述したPISA調査で評価されている力です。

PISA調査は、義務教育修了段階の15歳の子どもが持っている知識や技能を、「実生活のさまざまな場面で直面する課題に、どの程度活用できるか」を評価するものです。つまり、「どれだけ習得したか」「どれだけ速く解けるか」ではなく、実生活に「どれだけ活用できるか」が問われるのです。「速さ」や「量」ではなく、生活への「活用力」を「学力」としている点で、従来の日本型学力とは決定的に違っているといえます。

□1. 数学的リテラシー

1.1　ヒットチャートに関する問題（PISA2012年調査問題）

ヒットチャート

1月に「4U2ロック」と「カンガルー」という2組のバンドのCDが発売されました。2月には「ダーリンズ」と「メタルフォーク」のCDも発売されました。下のグラフは、これらのバンドの1月から6月までのCD売上枚数を示しています。

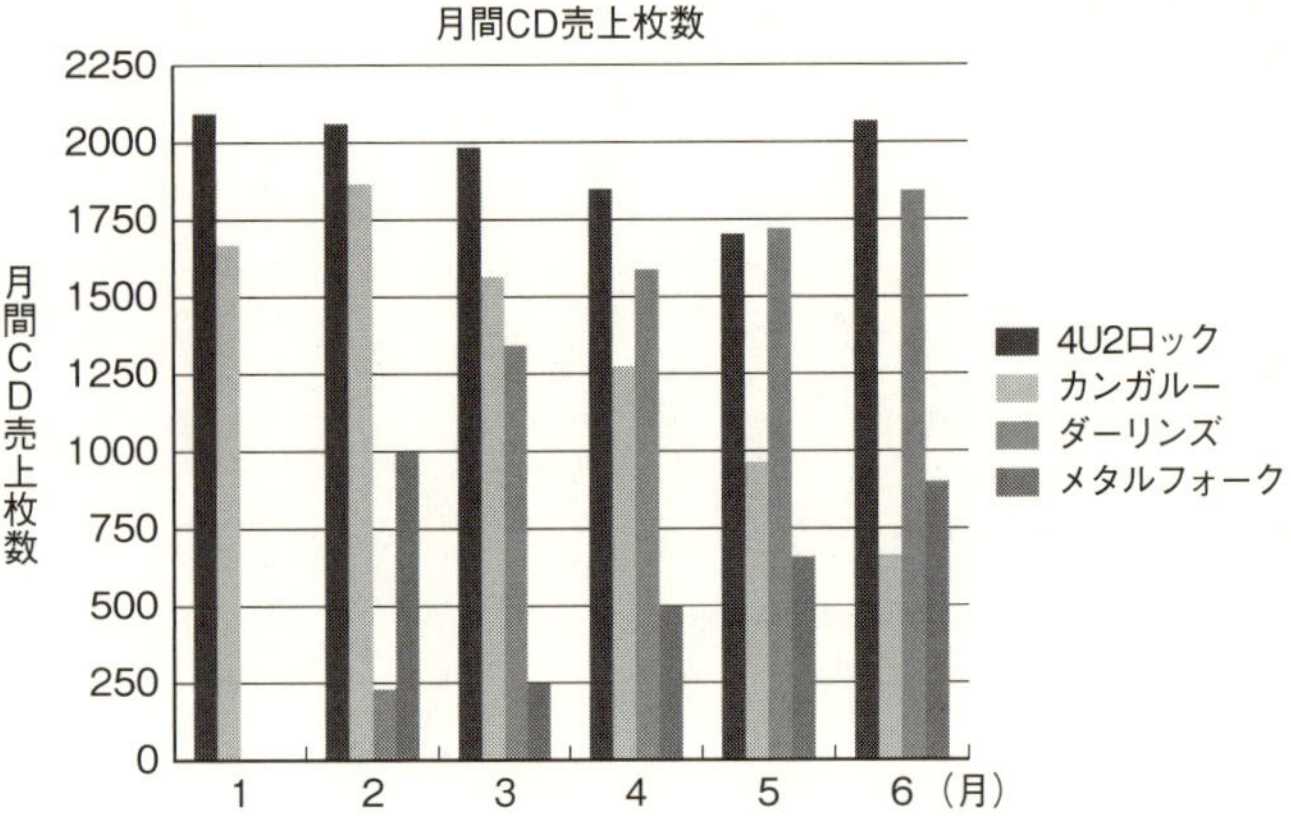

　ＰＩＳＡ調査の過去に出題された問題を見ると、これまで広く日本で行われてきた入学試験や学力テストなどとは全く異なるタイプの〝試験内容〟であることは明らかです。

　たとえば、「数学的リテラシー」では、ヒットチャートの月次グラフから、ＣＤの売り上げを予測する問題、複数の調味料を配合して作る１００ミリリットルのドレッシングを、１５０ミリリットルに換算した場合の各調味料の分量を求める問題などが出題されました。

　また、「読解力」では、図入りの気球に関する記述から必要な情報を抜き出したり、記載されている情報

ヒットチャートに関する問1

4月の「メタルフォーク」CD売上枚数は何枚でしたか。

A　250
B　500
C　1000
D　1270

ヒットチャートに関する問2

「ダーリンズ」のCD売上枚数が「カンガルー」のCD売上枚数を初めて上回ったのは何月ですか。

A　なし
B　3月
C　4月
D　5月

ヒットチャートに関する問3

「カンガルー」のマネージャーは、2月から6月にかけてCDの売上が減少していることを心配しています。

この減少傾向が続いた場合、7月の「カンガルー」のCD売上は何枚ぐらいになると予想されますか。

A　70枚
B　370枚
C　670枚
D　1340枚

出典：文部科学省国立教育政策研究所「OECD生徒の学習到達度調査～ PISA調査問題例～」

ました。

が、作者のどのような意図によって加えられたかを読み解く問題、イソップ物語の短文を読み、物語のテーマを読み解いたり、その読後感を話し合っている人の意図を汲《く》んだりする問題がありました。

さらに、「科学的リテラシー」では、ある衣類に関する記述から、衣類の特徴となる項目について、科学実験で立証できるかどうかを問う問題や、感染症に予防接種が有効な理由、また、どのようなしくみで感染が予防できるのかを問う問題などが出されています。

これらの問題は、一般的な社会生活を送っている大人であれば容易に解けるレベルのものです。しかし、もし、日々机にかじりついて、込み入った計算を速く正確に解くトレーニングであるとか、短時間でいかに要領よく多くの単語や名称を暗記するかといったことに明け暮れていたらどうでしょうか。そうして普段からニュースを見ない、新聞を読まない、友だちと遊ばない、買い物をしない、交通機関を使わない、お手伝いもしないといった生活を送っているとしたら、このタイプの問題はお手上げかもしれません。

ＰＩＳＡ調査で問われる力は、まさしく生活や社会活動の中で、今日明日にでもすぐに使える「活用力」であり、入試のペーパーテストでしか使わないであろう「暗記ものの山」や、試験問題を要領よく解くためのテクニックではないのです。

試験問題を要領よく解くためのテクニックといえば、私の知人の娘さんが、大学受験に向けて勉強していた頃、塾で教わってきた〝奇策〟があります。国語の長文読解の問題を解くとき、出題文は読まずに先に問題を読み、出題文の中から答えのある場所を探し当てて解く——というものでした。塾講師は、「最初に出題文を読んでしまうと、感動したり、気持ちが揺れ動いたりしてしまって、冷静に問題が解けなくなる。だから、動揺せずに問題を解くために、出題文は読まないほうがいい」と言ったそうです。

私は国語の教師でしたから、この話を聞いて情けなくなってしまいました。優れた文章を読んで内容を理解し、鑑賞するという、国語本来の「学び」の基本となる部分がすっぽり抜け落ちたままマニュアル的に問題を解いていくなど、いかにテスト対策とはいえ、本末転倒《ほんまつてんとう》もいいところです。

しかし、実際にその方法で問題を解くと、へたにじっくり考えて解くよりもたしかに正答率が高いのです。そんな小手先のテクニックで国語の成績が上がってしまうのですから、嘆かわしい限りです。

こんな力をつける練習にかまけていては、これからの社会で必要な学力が身についていくはずもありません。要領がよく、暗記が得意で、テクニックを効率的に使える力を争っているようでは、日本の大学が世界から置いていかれても当然ではないでしょうか。

学力低迷が生産性の低下を招く

「日本の教育レベルが低下し、日本人の学力が低迷していても、国内で何とかうまくやっていければいい。みんなが海外で仕事をするわけでもないし、あえて海外に目を向けなくてもいいじゃないか」

そんな考えの人もいるでしょう。しかし、グローバル社会の到来で、いまや日本国内においても、世界に目を向けざるをえない状況が広がりつつあります。

たとえば、楽天やパナソニック、ユニクロなどが、外国人採用を大幅に増やしたというニュースを耳にしたことのある方も多いのではないでしょうか。株式会社ディスコが2015年末に実施した調査によると、全国の主要企業609社のうち、57・1%の企業が外国人留学生の採用を見込んでいると回答しています。

少子化がこうした傾向に拍車《はくしゃ》をかけていることも見逃せません。日本の生産年齢人口は20年後には2割減少し、さらに40年後には現在の6割程度にまで落ち込むともいわれています。労働力減少の対策として、国としても外国人留学生を招致し、有能な人材に日本で働いてもらう必要が増しています。

指示されたことはきちんとこなせるものの、視野が狭く、積極性や柔軟性に乏《とぼ》しい日本の学生。それに対し、外国の優秀な学生たちは高い目標を掲げ、世界を視野に入れながら積極的に自己実現を図ろうとしています。ビジネスの場で、どちらが優位かは明らかでしょう。

こうした問題を突きつけられているのは、子どもたちだけではありません。国は外国人留学生を招くため、２００８年に「留学生30万人計画」を発表し、留学生政策を推し進めてきました。しかし、日本で学ぶ外国人留学生の多くが日本での就職を希望しているにもかかわらず、実際に日本で就職するのは、博士課程では18％、学部では30％程度に留まるようです。

たとえば国は、英語で学位を取れる学校を全国50校以上に拡大しましたが、そうしたコースで学ぶ留学生にとっては、企業が求める日本語力は高い壁となります。また、インターネットで行われる学力検査など、日本独特の就活スタイルもハードルとなっているようです。これでは、せっかく日本で学び、日本の力となってくれるはずの人材をみすみす流出させることになります。

このように、社会の側がグローバル化に対応できていないのが実情なのです。

いま、社会で求められている人材は、豊かな発想力を持ち、思考力に長《た》け、自己表現力に優れていて、なおかつ他者と協働できる人です。

しかし、現在の日本の教育では、そうした人材を育成することができていません。知識をたたき込み、パターン化された技能を習得させることに注力する従来の教育では、世界の優秀な若者と対等に渡り合える人材を世に送り出すことはできないのです。

そのひとつの例証として、従来型の教育で育てられた日本の労働者の生産性が、ほかの国々より劣っているということがあります。OECD加盟国の労働生産性（GDPを就業者数または就業者数×労働時間で除した数値）を比較してみると、34ヵ国中、1位のルクセンブルクが13万8909ドル、2位のノルウェーが12万6330ドルであるのに対し、日本はOECD平均よりも低い、7万2994ドルで21位にランクされている有り様です（2014年データより）。

日本より上位には、財政破綻したギリシャ（19位）もいれば、ワークシェアリングを取り入れ、家族との時間をしっかり確保しているオランダ（8位）も存在しています。

欧米では、ワークライフ・バランスの観点からも、労働時間は日本と比べておおむね短く、仕事に偏《かたよ》らず家庭やプライベートなどの領域にも生きがいを見出す生き方が一般的です。単に労働生産性が高いだけでなく、人々はむしろ人生をゆったりと豊かに生きているといえるのではないでしょうか。

日本では、一人あたりの平均労働時間は年1735時間と高度成長期に比べて減っているものの、独仏よりも1～2割多くなっています。週49時間以上働く長時間労働者は21・6％と主要国では最多。有給休暇付与日数は18・5日、30日の独仏よりおよそ4割も少なくなっています（日本経済新聞2015年6月29日付）。

OECD加盟諸国の労働生産性
(2014年/34ヵ国比較)

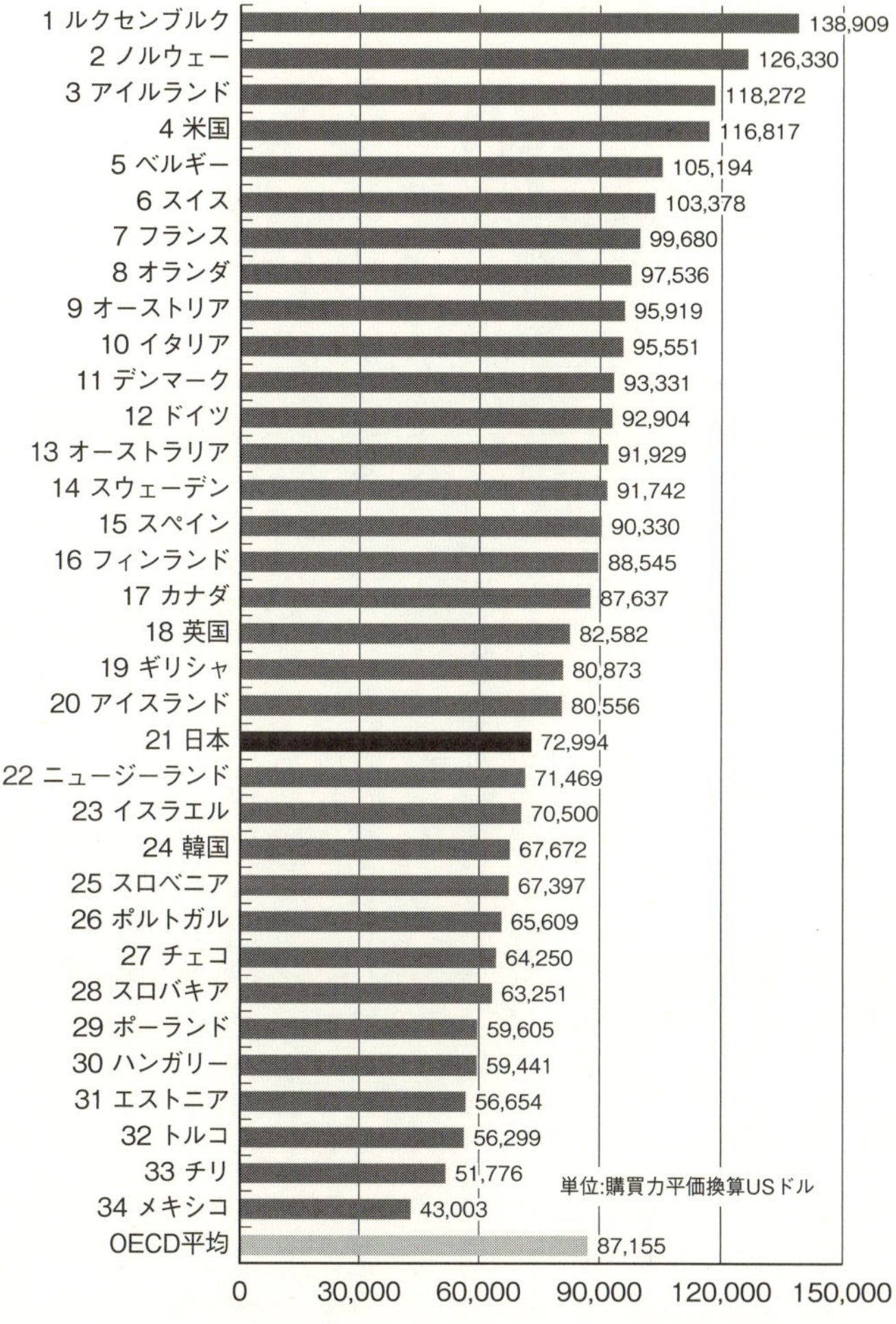

出典：公益財団法人日本生産性本部「日本の生産性の動向」2015年版

日本の国際競争力低迷の元凶

こと経済分野に目を向けると、日本が抱える最大の課題は「国際競争力」だといわれます。

近年、日本のさまざまな分野の産業が海外企業との競争に敗れ、壊滅状態に陥《おちい》りかねない危機に直面しているという報道を耳にします。とくに、長年にわたって日本経済を支えてきた電機メーカーの衰退ぶりは著《いちじる》しく、圧倒的なブランド力で一時代を築いたソニーの凋落《ちょうらく》をはじめ、巨額の不正会計で企業イメージを失墜《しっつい》させた東芝、液晶部門の業績悪化により台湾企業に身売りせざるをえなくなったシャープなどはその象徴といえます。

かつて、「ものづくり」においては世界で右に出る者はいないといわれるほどの高い技術力を武器に、日本の製造業は世界市場を席巻《せっけん》してきました。ところが、いまや日本のメーカーの世界市場シェアは微々《びび》たるものです。1990年代後半にインターネットが急速に普及し始めたとき、日本の多くの企業が情報化社会への変化にすばやく対応できなかったことが、海外企業に先を越されてしまう原因になったといわれています。

ICT（情報通信技術）産業で見ても、日本の競争力はきわめて低いことがわかっています。世界経済フォーラム（WEF）が毎年公表しているICT競争力ランキングにおける日本の順位は、2005年には8位でしたが、2006年以降は15～20位付近に低迷している状況です。

IMD世界競争力ランキング

	2009年	2010年	2011年	2012年
1	アメリカ	シンガポール	香港	香港
2	香港	香港	アメリカ	アメリカ
3	シンガポール	アメリカ	シンガポール	スイス
4	スイス	スイス	スウェーデン	シンガポール
5	デンマーク	オーストラリア	スイス	スウェーデン
6	スウェーデン	スウェーデン	台湾	カナダ
7	オーストラリア	カナダ	カナダ	台湾
8	カナダ	台湾	カタール	ノルウェー
9	フィンランド	ノルウェー	オーストラリア	ドイツ
10	オランダ	マレーシア	ドイツ	カタール
	日本（17位）	日本（27位）	日本（26位）	日本（27位）

	2013年	2014年	2015年	2016年
1	アメリカ	アメリカ	アメリカ	香港
2	スイス	スイス	香港	スイス
3	香港	シンガポール	シンガポール	アメリカ
4	スウェーデン	香港	スイス	シンガポール
5	シンガポール	スウェーデン	カナダ	スウェーデン
6	ノルウェー	ドイツ	ルクセンブルク	デンマーク
7	カナダ	カナダ	ノルウェー	アイルランド
8	アラブ首長国連邦	アラブ首長国連邦	デンマーク	オランダ
9	ドイツ	デンマーク	スウェーデン	ノルウェー
10	カタール	ノルウェー	ドイツ	カナダ
	日本（24位）	日本（21位）	日本（27位）	日本（26位）

出典：IMD：World Competitiveness Ranking（2009-2016）

また、スイスの国際経営開発研究所（ＩＭＤ）が主要61ヵ国・地域について、「経済状況」「政府の効率性」「ビジネスの効率性」「ビジネスインフラ」の４分野の評価に基づき国際競争力をランクづけしている「世界競争力ランキング」でも、日本の順位は低落しています。１９９２年まではは1位をキープしていましたが、１９９７年には17位に急落、その後も下降傾向が続き、ついには27位にまで落ち込みました。

このように、「国際競争」という土俵《どひょう》の上で、日本は諸外国に太刀打《たちう》ちできない状況が続いているのです。

国際競争力を保てない原因としては、旧態依然《きゅうたいいぜん》とした産業構造や日本独特の企業文化など複数の要素があると考えられますが、「人の力」の乏しさも大きく関わっていると思います。産業を支え、社会を動かしている一人ひとりの能力や意識がグローバル化されないと、日本の産業全体、社会全体が衰退していき、世界からますます取り残されてしまうことになるでしょう。

多文化共生時代を生き抜く教育

アップルやグーグルなど世界屈指の企業では、経営トップも社員も常に問題意識を持ち、率先して自ら動き、周囲に働きかけながら仕事を組み立てています。部下から報告が上がってくるのを待ち、新企画も何日か後の経営会議で決定するといった、スローアクションな経営者のもとでは事業は成功しません。また社員も、自分で判断せず、上司の指示を待って動いているようでは、〝能力なし〟とみなされます。

この情報化社会において、判断や着手にスピードは不可欠ですし、より高い成果を追求するのであれば、ルール遵守《じゅんしゅ》や秩序の維持よりも多様な人材の自主性・創造性が重視されるべきです。

そうした人材を育てるためには、漢字や単語をたくさん覚えることや、計算が速くできるようになること、テストで高得点を取れるようにすることを主たる目標とした教育では、とうてい対応できません。求められるのは、社会をよく理解することと、その社会で自分の得た知識や技術をうまく活用する力なのです。

ところで、こうした力は、世界の第一線で他国と競い合うトップエリートたちに限って必要なものなのでしょうか。答えはＮＯです。

いま、時代は「多文化共生」時代に突入しています。人種、国籍、宗教、思想、文化、セクシャリティ……世界といわず日本国内においても、社会はどんどん多様性を増しています。グローバル化が進み、海外から日本に来る人も、また日本から海外に行く人も増えています。文部科学省の調査によれば、いま、全国の小・中学校の少なくとも6校に1校には外国人の子どもがいるといいます。そして、この傾向は今後ますます強まっていくでしょう。

ですから、海外で仕事や生活をする人々だけでなく、日本の社会においても、自分と異なる文化・価値観をバックグラウンドに持つ人々と向き合い、共生していく力が、さらに必要になってくるのです。

私たちがそのことに気づかないでいるうちは、日本の教育は変われないでしょうし、主観的にどんなに努力しても、国際競争力はますます落ちていくでしょう。

いま、日本の教育が危機的状況にあるということを、もっと多くの人に深刻に受け止めてほしいと願います。そして、次代を担《にな》う日本の子どもたちには、多様な仲間と手を携《たずさ》え、「多文化共生」時代を創出する力を身につけ、未来に希望を持ち、グローバルに羽ばたいてほしいと切に願っています。

第2章　日本の教育が世界から取り残されていく

20年以上遅れた「18歳選挙権」

２０１５年６月、公職選挙法等の一部を改正する法律が成立し、選挙権年齢が「満18歳以上」に引き下げられました。国内でもいろいろと議論がなされ、反対意見も聞かれましたが、現在、世界の１９２の国・地域のうち、１７０の国・地域が選挙権年齢を18歳と定めており、20歳としているのは、カメルーンや台湾、チュニジアなど7ヵ国・地域で、少数派なのです。

そして実は、日本は20年以上も前の１９９４年に、18歳以上に選挙権を与えることを国際的に認めていました。いったん認めておきながらも、「行使」していなかったということです。

１９９４年、日本政府は「子どもの権利条約」を批准《ひじゅん》しました。「子どもの権利条約」とは、子どもの基本的人権を国際的に保障するために定められた条約で、１９８９年に国連総会で採択され、１９９０年に発効したものです。

内容は子どもの「生きる権利」「守られる権利」「育つ権利」「参加する権利」で構成され、現在までに世界の１９６の国と地域で批准されています。

「子どもの権利条約」では、18歳未満を「子ども」と定義しており、18歳以上は「成人」と解釈されます。従って、この条約を批准した時点で、日本でも18歳以上を「成人」とみなし、選挙権も与えられるべきだったといえるでしょう。

この点については、国連からもしばしば指摘されたのですが、メディアなどが大きく取り上げなかったこともあり、表だって議論されることがないまま、問題が先送りされてきました。今回、ようやく18歳以上に選挙権が与えられることになり、「子どもの権利条約」の内容の一部が国内法に反映されたといえます。

「子どもの権利条約」は本来、国内法に優先して適用されるはずなのですが、日本では軽視され、条約で定められた原則が国内の施策に取り込まれていない現実があり、国連・子どもの権利委員会からたびたび勧告を受けています。日本は、子どもの人権の尊重という点においても、世界的に見るとかなり後《おく》れているのです。

選挙権年齢引き下げに伴い、高校生の選挙活動や政治活動についても〝解禁〟されましたが、ここでちょっとした騒動が起きました。

文部科学省は、都道府県教育委員会に、「高校生が放課後や休日、校外で選挙運動を行うことを容認する」としたうえで、「生徒が公職選挙法違反に問われないように」と指導の徹底を促《うなが》しました。高校3年生に18歳と17歳が混在しているために、友だち同士で選挙運動に参加した場合など、17歳の生徒が公選法違反となることを危惧《きぐ》したためです。

しかし、そうした通達に過剰反応した愛媛県教育委員会が、全県立高に対して、生徒の校外の政治活動については、学校への事前の届け出を義務化する校則を設けるようリードしました。各校の校則を教育委員会が変更すること自体越権行為であり、あってはならないことですが、選挙権を得た高校生にこれから本格的に「主権者教育」を行っていこうとする矢先に、高校生の自主的な政治活動を萎縮させるような働きかけを行う意図が理解できません。

日本の学校教育のシステムでは、常に学校が「主体」で子どもが「従属」する姿勢が強いのが特徴です。つまり、教師が子どもにあれこれと一方的に指示を出し、操作しようとしすぎるのです。子どもに「教え込む」「与える」「課す」ことが主流で、その目的も、子どもの自立や自主性の育成をめざすものではありません。

序章でも触れた通り、昨今は若者の自立が遅れている傾向もありますが、そのような背景を鑑《かんが》みたとしても、日本の学校は子どもを〝子ども扱い〟しすぎです。すでに選挙権を持っているのですから、本人が自ら考え、主体的に選ぶ力を身につけるようサポートすべきところを、日本の大人は、「過激な思想に染まりはしないか」「トラブルに巻き込まれたりしないか」と、やたらに心配をして、コントロールしたがるのです。

18歳は「子どもの権利条約」でも、今回の改正公選法でも、「成人」として認められた、立派な大人です。自分の意思をしっかり持ち、自分のこと、家族のこと、社会のことを考えて判断できる年齢です。学校や教育委員会が過度に管理したり、監視したりすることはやめるべきです。

子どもを〝子ども扱い〟し続けると、子どもはいつまで経っても成長できません。子どもの自主性を尊重し、安心して失敗できる環境を整えることこそ大人の役割なのではないでしょうか。

お笑い？　受験狂想曲

国連・子どもの権利委員会は日本政府に対し、1998年、2004年、2010年と3回にわたって勧告を行っていますが、いずれの勧告においても、教育分野について過度な「受験競争」に対する懸念を示しています。

日本の場合、高校も大学も、どうかすると中学校や小学校に入学するときにも、「受験競争」に火がつきます。日本では、どの学校の入学試験も筆記試験が行われ、その得点順に合格するというシステムが当たり前になっていますが、このような国は実は珍しいのです。

確かに、韓国も大学受験が熾烈《しれつ》なことで知られていますが、日本のような高校受験はありません。高校受験で筆記試験を行い、得点を競わせて合否を決めるといったシステムは、欧米の国にもありません。なぜなら、世界の多くの国々では、高校教育も国から無償で提供されるものであり、地域の公立高校なら原則無試験で入れるからです。

遊ぶ間も惜《お》しんで日々塾通いを続け、帰宅後の時間は塾と学校の宿題に費やし、夏休みや冬休みなどの長期休暇は塾主催の特別講習を受けて過ごすといった中学校生活を送っているのは、日本、ほかには中国の子どもぐらいかもしれません。

志望校に入るためには、筆記試験でほかの人より1点でも多く点を取らなければなりません。そこから生まれる「競争」が、子どもたちから時間や体力を奪い、多大なストレスの原因となり、疲弊させている実態があります。国連・子どもの権利委員会は、こうした教育のあり方が日本の子どもを不幸にしている、と警告しているのです。

そもそも、競争させることで子どもの学力が向上するのかどうかという疑問があります。残念ながら、競争によって学力が向上するというデータはどこにもないのです。それなのに、日本の大人は、やたらと子ども同士を競わせたがります。

確かに、試験の得点で序列をつけることは、評価する側にとってはきわめて好都合です。入学できる生徒数が決まっているのに、それを超える受験生が応募してくれれば、どこかで線引きをしなければなりません。子どもの学力を点数化して序列をつけることができれば、「上から○○人が合格」と決めやすいのです。

筆記試験は評価する者にとって好都合なツールに過ぎず、子どもの真の学力を測る〝ものさし〟として適当といえるのかどうか、非常に疑わしいものです。にもかかわらず受験生は、その筆記試験で1点でも多く得点しようと必死になって勉強し、隣《となり》の席の同年齢の仲間と競い合わなければならない状況に追い込まれているのです。

いまの日本の教育は、中学校は「高校受験のための勉強」、高校は「大学受験のための勉強」

という位置づけになってしまっています。生徒自身も、親も、さらには教師までもが、そこを最終目標にしてしまっている感が否めません。そうなると、受験に有利な学習ばかりに重きが置かれ、それ以外の〝学び〟が後回しにされたり、「合格のためには手段を選ばず」というふるまいも許されたりしてしまいます。

たとえば、ある中学校では、生徒会の立候補者を募ったところ、役員７～８人に対し、50人が立候補したといいます。「自治活動への関心が高いことの証《あかし》」とも受け取れますが、生徒の真意はわかりません。高校受験の際に志望校に提出する調査書（内申書）には、生徒会活動を活発に行ったことが記載され、そのことが高く評価されたり、点数化されて試験の得点に上乗せされたりすることは一般によく知られる事実だからです。受験で有利になるように〝点数稼ぎ〟をする生徒がいたとしてもなんら不思議ではありません。

さらには、もともと意欲があり、生徒会に立候補したいと心底思っている生徒が、同級生から〝点数稼ぎ〟と思われるのがいやで、立候補をあきらめてしまうといったゆがみまで生じているのです。

増える10代の学業不振自殺

１９９３年頃から、通知表に観点別評価という項目が加わりました。これは、各教科の学習の状況を、いくつかの観点別に分析して評価し、その総合点で教科の成績を決めるものです。「知識・理解」「技能」「思考・判断・表現」などの項目があり、それぞれ「A・B・C」の3段階で評価されます。この中に、子どもの学習態度、学習意欲を評価する「関心・意欲・態度」という項目があるのですが、この評価が低いと、学校の定期試験などで優秀な成績を修めても、5段階評定で「3」しかもらえないといった〝ねじれ現象〟が起こりえます。

たとえば、東京都の都立高校を受験する場合、調査書に記載された通知表の評定は、独自の計算式で点数化されて、入学試験（筆記試験）の得点と合算されたうえで合否が決まることになっています。調査書の成績は「3」より「4」、「4」より「5」のほうが受験に有利なため、「関心・意欲・態度」で教師から高い評価をもらおうと、子どもは〝努力〟します。授業中に答えがわからなくても積極的に挙手をするよう努めたり、提出物を期限に間に合わせるために問題集の解答を丸写ししたり、といった努力の〝はき違え〟も起こってくるわけです。

また、先生に悪く思われないように、従順な態度に徹する子どももいます。「先生に逆らうと通知表の成績に差《さ》し障《さわ》る」と、生徒が萎縮《いしゅく》しているような学校が、学びの場として本当にふさわしいのかどうか、私たちはよく考えてみる必要があるように思います。

2016年3月に判明した、広島県の公立中学校で3年生の男子生徒が教師の誤《あやま》った進路指導が原因で自殺した事件を思い起こします。男子生徒は、別の生徒の万引きの記録を誤ってつけられてしまい、推薦入学を考えていた志望高校の受験資格を失ったことを苦にして、自殺したと見られています。

事件後、「万引きをやっていなかったのなら、先生にそう主張すればよかったのに」といった声も一部で聞かれました。しかし、学校という〝社会〟の中では、教師は生徒から見て圧倒的な力を持っています。そうした関係性の中で、教師から「万引きがありますね」と上から目線で決めつけられれば、生徒はとっさに否定しにくいものです。

自殺をした男子生徒は、推薦で受験しようとしていた高校を「合格確実」の「専願」にしており、この学校が受験できなくなったことで第一志望の高校も変えざるをえなくなったと考えられます。

教師の誤指導があった2015年11月は、志望校を決めなければならないギリギリの時期でした。そこで、いきなり「受験できない」と言われたら、誰でも絶望の淵に突き落とされたような気持ちになることでしょう。「どうしよう」と焦《あせ》り、先生の間違った指摘に対し、冷静に反論する心の余裕もなかったかもしれません。傍《はた》から見れば、「自殺するほどのことではない」とも思えるのですが、受験競争の渦中にいる当事者にとっては、生きる希望を失ってしまうほどの〝一大事〟であったことは間違いありません。

近年、日本全体の自殺死亡率は減少傾向が続いていますが、10代だけで見ると、1990年頃

10代の自殺の長期推移
(10万人あたりの自殺者数)

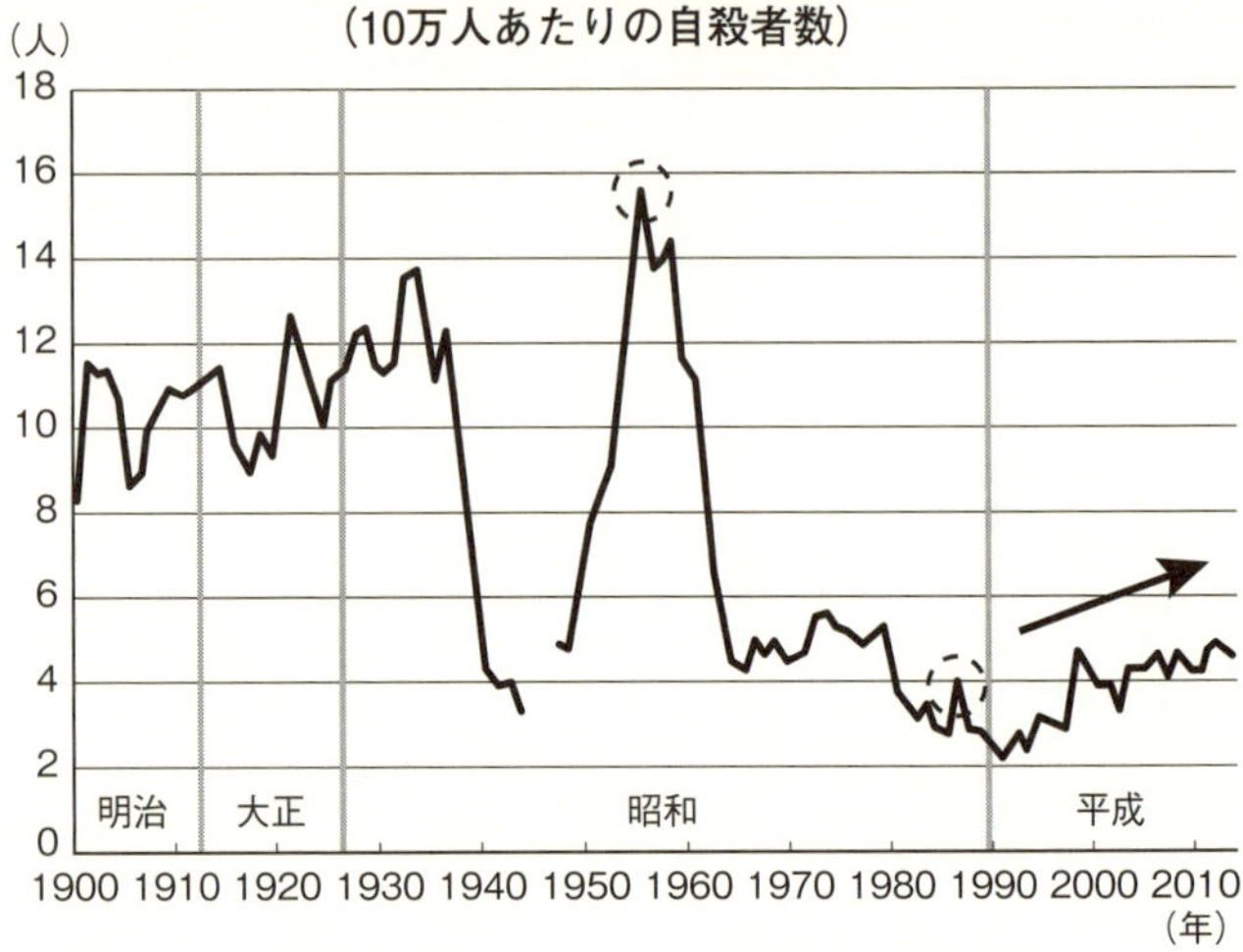

内閣統計局『大日本帝国人口動態統計摘要』、厚生労働省『人口動態統計』、総務省『人口推計年報』より舞田敏彦氏作成
出典：日経DUAL「舞田敏彦のデータで読み解くDUALな疑問」(2014年11月6日)

から増加傾向に転じていることがわかっています。しかも、小学生から大学生まで、自殺の原因の上位に「学業不振」が上がっていることに驚かされます。小中学生に限ると、「学業不振」が「家族の叱責《しっせき》」や「親子関係不和」を抑えてトップです。「入試の悩み」が原因のケースが、高校生よりも小中学生のほうに多いという結果にも心が痛みます。

本来であれば、小中学生の年代の子どもたちは、自分の時間を自由に使い、友だちと遊んだり、好きな趣味に打ち込んだり、興味を持った活動にチャレンジしたりする中で、のびのびと、自分の土台となる部分を形成していくべきです。それなのに日本の子どもたちは、テストや

子ども・若者の主な自殺原因
(2011〜2013年)

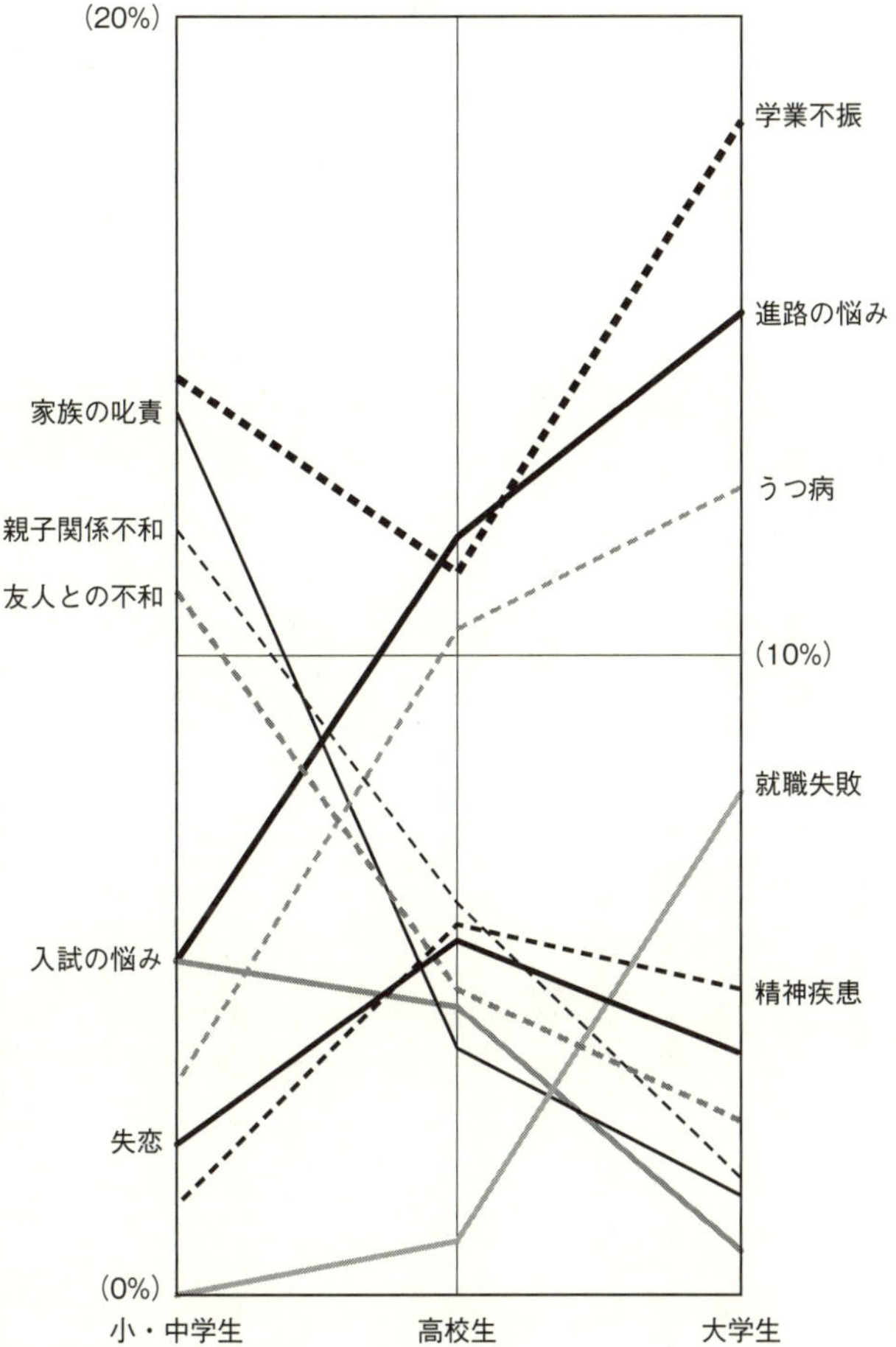

資料：警察庁『自殺の概要資料』より舞田敏彦氏作成
出典：日経DUAL「舞田敏彦のデータで読み解くDUALな疑問」(2014年11月6日)

模擬試験の結果に一喜一憂《いっきいちゆう》しながら、伸び悩む成績に落ち込んだり、親や塾の講師から叱咤激励《しったげきれい》されたりしているのです。

過酷《かこく》な受験競争の中で、「死」を選ばなければならないほど子どもを追い詰めている現在の教育には、やはり大きな問題があると言わざるをえません。

国連・子どもの権利委員会が日本政府に対し、再三、行きすぎた「受験競争」を是正《ぜせい》するよう勧告しているのも、こうした日本の子どもの現状を踏《ふ》まえてのことなのです。

競争原理が生むのは〝格差〟だけ

教育に競争原理を導入しても子どもの学力は向上しないし、学校の学力レベルも上がらないことは、世界ではすでに〝常識〟となっています。

1988年のことです。サッチャー政権下にあったイギリスが競争原理を導入した教育改革に乗り出し、全国統一の学力テストを実施したり、子どもが自由に学校を選べる学校選択制を取り入れたりしたことがありました。子ども同士は競い合って学力を向上させるだろう、学校も競争意識を持つことでレベルが向上するだろう、と見込まれたのです。

しかし、結果は期待を裏切るものでした。〝競争〟がもたらしたものは〝向上〟ではなく、〝格差〟だったのです。

子どもたちは競い合うことで、成績のよい子と〝落ちこぼれ〟に分けられてしまいました。成績のよい学校には優秀な子どもが集まり、成績不良の学校には〝落ちこぼれ〟が残されるという構図が生まれました。

結局、成績のよい子は質の高い教育を受けられましたが、成績の悪い子は質の低い教育しか受けられないという社会構造が出来上がってしまったのです。その結果、子ども間の学力格差が広がり、一部の子どもの学力は伸びましたが、国全体として学力レベルを向上させることはできませんでした。

こうした先例があるにもかかわらず、いまだに日本では、イギリスの失敗例と非常によく似た教育システムを続けています。テストの点数で子どもの学力を評価し、ランクづけをし、互いに競わせています。また、学校も、学力テストの結果などをもとに近隣の学校と競い合い、学校選択制のもとで、地域の子どもたちをいかに多く集められるかに躍起《やっき》になっています。

競争をくぐり抜けることで学力が伸びるに違いない、学校の質が向上するに違いないという、「競争神話」に取り憑《つ》かれているのでしょうか。

競争から落ちこぼれた子どもは学ぶ意欲を失い、ますます学力を低下させることになります。そして、トップレベルの子どもたちとの格差が広がり、そこに〝差別〟や〝いじめ〟などの二次的な問題が起こるおそれもあります。成績の振るわない子どもは「ほかの子の足を引っ張っている」「学校全体のレベルを下げている」というレッテルを貼られ、周囲から疎《うと》んじられるといったゆがみも生じかねません。

このような学力格差に拍車をかけているのが、子どもの貧困問題です。厚生労働省が2013年に行った調査によれば、子どもの貧困率は過去最悪の16・3%。およそ6人に1人の子どもが貧困家庭に置かれているという状況が明らかになりました。一人親世帯の貧困率は54・6%と、さらに深刻です。

貧困率の上昇とともに、家庭における経済格差も拡大しています。

2016年4月に公表されたユニセフの調査では、子どものいる世帯の所得格差が、日本は先進41ヵ国中8番目に大きいことがわかりました。最貧困層の家庭と標準的な収入の家庭の所得格差を調べると、日本の最貧困層の子どもの世帯の所得は標準的な子どもの世帯の4割にも満たないというのです。格差の少ない北欧諸国では6割以上といいますから、日本の現状がいかにひどいかがよくわかります。

こうした経済格差が子どもの学力格差に直結することは、文科省の調査でも明らかになっています。たとえば、2013年度の全国学力テストでは、家庭の年収が1500万円以上の小学6年生は算数Bの平均正答率が71・5%だったのに対し、200万円未満の児童は45・7%にとどまり、低収入の家庭ほど学力が低くなる傾向がはっきり表れていました。

経済格差により通塾などの私教育に差が生じることは言うまでもありませんが、貧困家庭における子どもは、安定した日常生活をはじめ、保護者からの保護や、友人との関係を含む社会的つながりが不十分になるなど、そもそも「安心して学力を身につけることのできる環境」を確保するのが困難です。国や学校には、そうした状況にある子どもたちに対し、学力保証以外の面でも多角的にサポートしていく姿勢が求められるはずなのです。

しかし、競争原理に取り憑かれた今日の教育現場では、受験対策・学力調査対策といった試験で数値化できる学力をいかに伸ばすか、といった指導ばかりが優先されがちです。このままでは、日本の子どもの学力格差は拡大する一方でしょう。

教育に限っていえば、競争原理はなじまないということなのです。

フィンランドの競争のない教育

では、競争原理を持ち込まない教育とはいったいどのようなものなのでしょうか。

最初のPISA調査（2000年）でトップレベルの成績を修め、世界から注目されているフィンランドでは、1985年から習熟度別クラス編成授業をやめるなどして、競争型教育にきっぱりと見切りをつけました。競争型教育からの脱却が好成績につながったと評価されています。

1994年から同国の教育改革を担当した当時の教育大臣、オッリペッカ・ヘイノネン氏は、改革のモットーに「一人の落ちこぼれも出さず、国民全体の教育水準を引き上げること」を掲げました。一握りのエリートを生み出す一方で、多数の落ちこぼれを生じさせる競争主義の教育とは正反対の政策です。

フィンランドでは、7歳から16歳までに「総合学校」で基礎教育を受けます。総合学校は日本の小学校と中学校に相当する学校で、9年間の一貫教育になっています。

入学する学校は、子どもの自宅からもっとも近い学校を自治体から指定されますが、保護者の希望により制限付きながら、通える範囲の別の学校を選択することも可能です。全国一律ではありませんが、入学から6年間、担任教師が替わらず、同じ一人の先生に教え続けてもらうことのできる学校もあるようです。続く3年間は、各教科の専門の教師が教えるしくみになっています。

驚くべきことは、基礎教育課程において、ほかの子と学力を比較し、序列をつけるためのテストを子どもたちが受けることが一切ないという点です。評価の際には、日々の子どもの学習状況を見て、総合的に評価します。

もうひとつ大事なことは、評価者が教師だけでなく、子ども自身でもあるという点です。学習目標やカリキュラムは、子ども一人ひとりに個別につくられ、その達成度や取り組み姿勢について は、子どもに自己評価させます。他人に評価してもらう一方で、自分でも成長を自覚したり、課題や問題点に気づき、どう改善したり伸ばしたりすればいいか考える力をつけていく教育——

フィンランドの教育制度

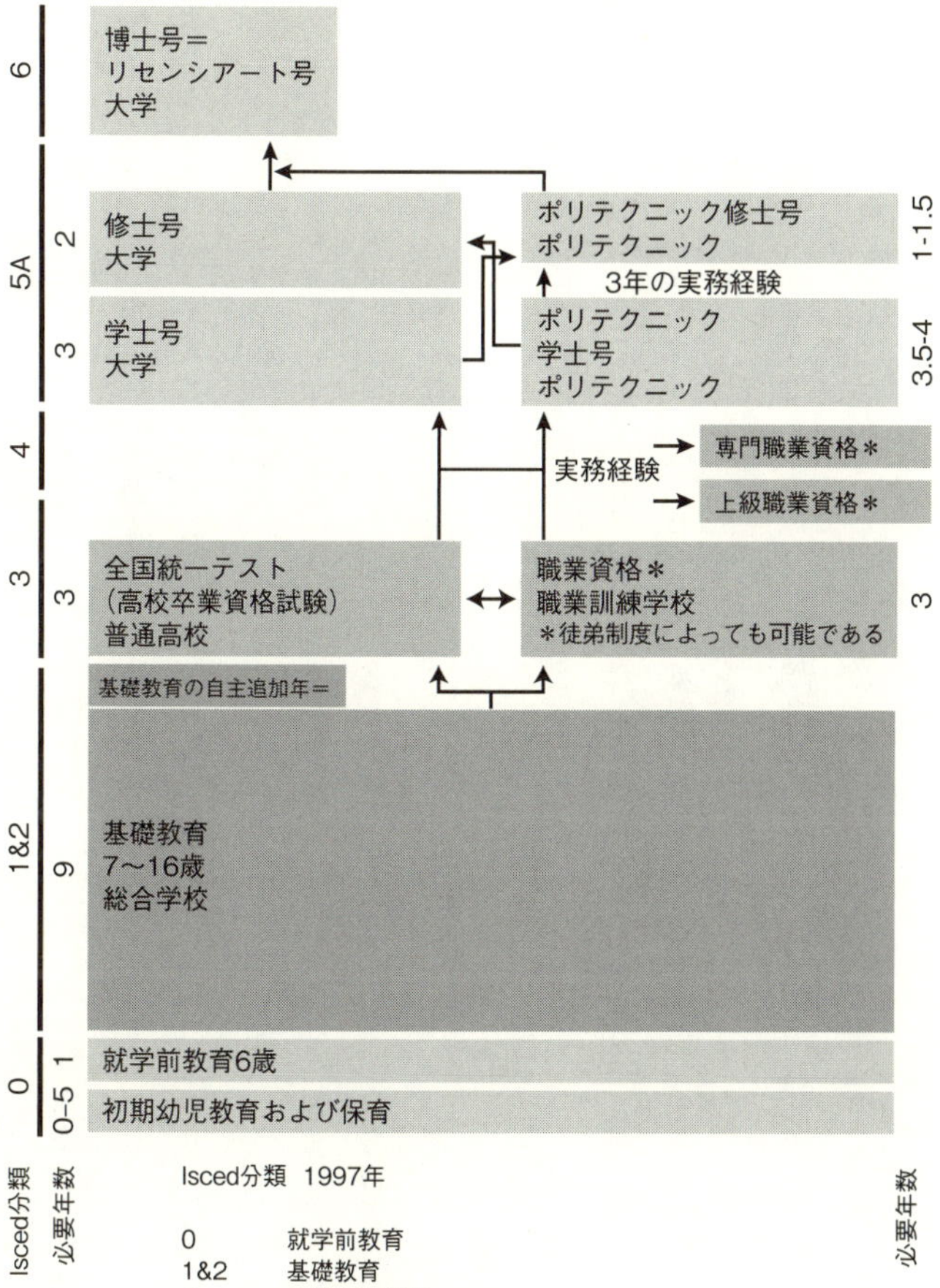

Isced分類　1997年

0	就学前教育
1&2	基礎教育
3	後期中等教育
4	学位対象外高等教育
5A	学位対象外高等教育
6	後期高等教育

出典：Finnish National Board of Education「フィンランド教育概要」
http://www.oph.fi/download/151277_education_in_finland_japanese_2013.pdf

まさに、〝教育や学びの主体は子ども自身〟という理念に基づいた教育といえるでしょう。

基礎教育課程においては、国の統一テストは行われていません。学習到達度を測るため、年1回、国語か文学または数学のいずれかのテストが行われるようですが、悉皆《しっかい》ではなく抽出調査のため、日本のように、テスト結果をもとに学校のレベルをランクづけしたり、好成績を目指して学校間、あるいは自治体間が競い合ったりといった現象も起こりません。今日の日本のように、自校の学力レベルを高く見せようと、何週間も前から統一テスト向けの対策学習を授業で行ったり、統一テストの当日に成績の芳《かんば》しくない子どもを休ませたりといった、教育者らしからぬ姑息《こそく》な真似をする必要もないのです。

「通知表」は9年生の最後のみ

私自身、1996年と2007年にフィンランドの教育の実態を知るために視察に訪れた経験があります。そのときにフィンランドでは、基礎教育の間に「通知表」を子どもに渡すことはないと知り、非常に驚いたことを覚えています。

当時は、基礎教育の間、教師は子どもの学習状況を見ながら日々評価を行うものの、それを点数化して示すことはありませんでした。ただし、子どもの学習プロセスの手助けとすることを目的として作成される「評価レポート」が年に一度、子どもに手渡されます。子どもはこの評価レポートを参考にして、自分の課題などを見つめ直し、新たな目標を立てて学習に励《はげ》むのです。学習到達度を評価する「通知表」に相当するものは、基礎教育が終わる9年生の最後に、履修《りしゅう》証とともに手渡されます。

当時のフィンランドの学校における到達評価では、少なくとも7年生（中学1年生）までは、日本の通知表のように数値が書かれることはなかったようです。評価は点数では行わず、目標を達成したかどうかをもとに、「よくできた」「できていない」という表記で示されます。

8年生（中学2年生）からは、進学に向けた準備があるので、数字による評価も行っていたようです。しかし、基本的には、クラスの中で何番か、平均と比較してどのポジションにあるかといった、他者と比べる相対評価ではなく、その子ども自身が設定した目標に到達したかどうかというシンプルな絶対評価を行っていました。

フィンランドの国家教育委員会でそうした説明を受けてもなお、疑念が拭《ぬぐ》えなかった私は、「子ども同士を競争させると早く上達するとか、学校同士を競争させると学校のレベルが上がるといったケースは本当にないのですか」とスタッフに尋ねました。しかし、即座に「NO」と否定されました。

「子どもたちの親も、ほかの子どもと比べることは望んでいないし、各自がそれぞれの目標に到達していればいいと考えています」

教師だけでなく、子どもも親も、そして、社会全体が、子ども同士の競争や学校間の競争に意味がないと理解しているということでしょう。「教育」に対する考え方そのものが成熟していることに、ひたすら感心させられたことを思い出します。

なお、現在は5年生以上で「4」から「10」まで7段階の成績評価を行うことが多いようです。とはいえ、学習指導要領の到達目標に達していれば何人でも「8」と評価されるので、あくまで到達度を示すためのものといえるでしょう。

「入り口重視」はなぜダメか

日本の教育が過度な競争主義に〝洗脳〟されているのに対し、なぜ、フィンランドの教育は競争主義から脱却できたのでしょうか。その大きな理由は、やはり「受験」というシステムの違いにあるように思います。

日本は高校や大学に入学するときに試練があり、特に大学は、1回入学してしまえば楽に卒業させてもらえる学校のほうがまだ多数です。ところが、フィンランドをはじめとする多くの欧米諸国ではむしろ逆で、入学は簡単にさせてもらえるものの、履修証明を得て卒業するために多大な努力を要します。卒業に必要な学力・能力が備わったと認められなければ、卒業させてもらえません。

フィンランド後期中等教育の特徴

	普通高校	職業訓練学校
入学資格	基礎教育のシラバス修了／全国統一の出願システム	
対象年齢	16－19歳（事情により成人でも後期中等教育を受けられる）	
選抜方法	基礎教育時の成績による選抜	基礎教育時の成績＋労働経験の考慮も
目的	大学での高度教育	労働生活に必要なスキルの獲得
学習内容	個別の学習過程	企業でのOJTの機会拡大、徒弟制度の展開
その他	最短2年、最長4年での課程修了が可能	徒弟制度による実習や能力試験も卒業資格に考慮

出典：尾木直樹『日本人はどこまでバカになるのか』青灯社、2008、P155

学校に入る前に努力を強《し》いられる日本の教育が「入り口重視」、諸外国のように入学後に学習到達目標をクリアし、修得することに重きを置く教育が「出口重視」といわれる所以《ゆえん》です。

日本の教育は「入り口重視」のシステムであるために、「何を学ぶか」「どんなふうに学ぶか」といった〝教育の本分〟が後回しにされ、「どこに入るか」ということにばかり関心が集まります。そのため、いざ入ってしまうと、燃え尽きて目標を見失ってしまうケースも見受けられます。こうした中で、日本では、「学力」といえば「受験に合格するための学力」、「教育」といえば「受験に合格するための力をつけさせる教育」というふうに、短絡《たんらく》的に捉える人がきわめて多くなっている現実があります。

日本はまだまだ「学歴社会」ですから、社会に出たときに高卒よりは大卒のほうが高い収入が得られるし、偏差値の低い学校よりは高い学校のほうが進学や就職にも有利に働きます。ですから、「志望校に入る」ということは、受験を控える子どもにとっては重大な使命となっているのです。

志望した学校に入学するためには、入学試験を受けて合格しなければなりません。大勢の受験生の中で、人に負けないように高い得点を挙げなければならないのです。受験が〝競争〟であるために、受験に向けた教育も〝競争〟にならざるをえなくなっています。

では、欧米諸国ではどうかというと、たとえばフィンランドの場合は、基礎教育を履修した生徒の90％以上が普通高校か職業訓練学校（資格を取得するための専門学校）に進学します。この進学にあたり、「受験」というシステムは存在しません。

高校入学は基礎教育時の学業成績に基づいて選考がなされ、職業学校の選抜基準は、それまでの実務経験やそれに準ずる要素となっています。後者については、必要に応じて適性試験を行う場合があります。

フィンランドの高校は、日本のように学校による学力格差がほとんどないため、進学する生徒は、たいてい自宅に最も近い地元の学校を選びます。学校格差がなければ、志望者数のばらつきが生じることもなく、結果として選抜試験を行う必要もないわけです。つまり、フィンランドで「高校進学」というと、苛烈《かれつ》な受験戦争ではなく、平和的な進学を指すのです。

「意味のない競争はしない」というのが、フィンランドの人たちの考え方です。

本当の意味での「平等教育」

フィンランドの教育が日本の教育と大きく異なる点として、「競争がない」ということに加え、「徹底した〝個〟の尊重」も挙げられます。一人ひとりの子どもの学力を保証し、〝できない子〟を〝落ちこぼれ〟にしないことを教育の原則に掲げています。

フィンランドの学校では、以前は1クラスの人数は25人までと決められていました。現在も小規模校が多く、また1クラスあたり25人を超える規模の学校に対しては国が補助金を付与するなどの支援を行っています。それに、ひとつの教室の中に、同じ学年の子どもが揃《そろ》っていながら、授業は完全なる個別指導で行われます。たとえば、算数の授業中に、教師が前に立ち、全員に向かって問題の解き方を説明するというような光景は見られません。

子どもたちは、それぞれのレベルに応じた課題に各自取り組んでおり、後ろから彼らの机を覗《のぞ》き込むと、みんな教科書の中で異なるページを開き、違う問題を解いているのです。そして、教師は彼らの机を回りながら、個別に指導するというのが一般的な授業風景です。

日本の小中学校の授業は、教師が黒板の前で問題の解き方を説明し、生徒は全員先生に注目しながら、解き方を学ぶという「一斉授業」が基本です。

日本人にとっては馴染《なじ》み深い、この授業スタイルは、すべての生徒が同じ指導を等しく提供されており、一見、〝平等〟であるかのように見受けられます。しかし、子どもたちの理解度はまちまちであり、同じ授業を同じように受けたとしても、〝よくわかる子〟と〝わからない子〟が生じるのが現実です。

〝わかる子〟と〝わからない子〟の間に生じる理解度の差は、〝不平等〟とはいえないのか——そこの判断が、ヨーロッパ諸国と日本では異なっているのです。

多くの日本人は、「ほかの子どもが理解できているのにわからないのは、わからない側に問題がある」と考えるでしょう。授業をまじめに聞かなかったのかもしれないし、学力が低く、一生懸命授業を聞いていても理解できなかったのかもしれません。いずれにしても、教師から受けた一斉指導で理解できないときは、「その責任は子どもやその家族の側が取るしかない」という考え方が主流となっています。

いまどきは、「お子さんは理解が遅いようなので、塾に行ってください」と、親が学校の教師から言われるケースも珍しくないそうです。こんなことは教師の責任放棄にほかならないのですが、悲しいかな、こういう言葉を平気で口にする教師が現実にいるというのです。

この日本独特の「平等主義」が、諸外国と決定的に違っています。

たとえばフィンランドの教育で追求されている「平等主義」は、すべての子どもが〝等しく理解すること〟であり、〝等しい指導を受けること〟ではありません。日本の教育が、「指導を提供する」ところまでしか責任を負《お》わないのに対し、フィンランドの教育は、「指導を提供して子どもが理解する」ところまでを保証しています。そのようにして、すべての子どもに等しく学力をつけさせることが、本当の意味での「平等教育」であるという考え方です。ですから、クラスに〝落ちこぼれ〟をつくらないということを徹底して行うのです。

フィンランドでは、学習に少しでもつまずきが生じた子どもに対しては、すぐに「補充学習」が行われます。これは、子どもの学力の弱点補強・習熟補強のために行われる授業のことで、通常の学級内で正規の授業時間外などを使って実施されます。補充学習を行っても学習の遅れが見られる子どもは、補習を行う特別学級に一時的に入って集中的に指導を受け、短期間で学習の遅れを取り戻してから通常の学級に戻ってきます。

多くの国々では、たとえ義務教育課程であっても、標準となる学力がきちんと身についていなければ留年の可能性があります。留年してでも、子どもがしっかり基礎学力をつけること、つまり、子どもの学力を保証し、その責任を持つことを教育理念としています。

こうした考え方を「修得主義」といいます。これに対し、日本の義務教育は、子どもが授業内容を理解せず、必要な学力を身につけていなくても、6年間あるいは3年間とりあえず学校に通っていれば進級もできるし、卒業もできる「学年主義」「履修主義」に基づいています。

どちらの教育が子ども自身のためになるかは、火を見るよりも明らかです。

修得主義に基づく教育では、落ちこぼれそうな子どもを見過ごさず、早めに補習指導を行って、常に学級全体の底上げを図《はか》り、個々の子どもの学力も、学級全体の学力も維持できます。子ども一人ひとりに細やかに指導することが、結果として学級全体、学校全体、ひいては国全体の学力レベルを押し上げることにつながっているということでしょう。

学力に責任があるのは学校と国！

子どもの学力の維持・向上に——言い換えれば、子どもの教育に——責任を持つのはいったい誰なのでしょうか。

その答えは、現在の日本では〝本人または親〟ということになります。わが子の学力が低ければ、各家庭の責任と努力で上げるべきだ——そう考える人が大半ではないでしょうか。しかし、そういう考え方は、国際的な視点ではけっして一般的ではありません。子どもの教育を担うのは、〝国〟の役割であり、責任であるという考え方が世界の主流です。

これは、日本人でも、教育の専門家であれば誰もが知っていることですが、世のお母さん、お父さん方には意外と知られていません。私は日本の教育の遅れを日々痛感し、「声を上げなければ」と思い、各所でそのことを訴えています。

実際に、「日本では、わが子の教育の面倒はわが家でみるしかない」「子どもの教育費はその家庭で工面《くめん》するしかない」と考える親がほとんどではないでしょうか。わが子が学校で授業についていけないとき、または、来年は高校受験だというとき、「そろそろ塾にでも通わせようか」となるのではないでしょうか。

しかし、フィンランドなどの例からもわかるように、本来、子どもの学力を一定レベルに保つのは学校や教師の役目ですし、レベルが低下しそうになれば、学校が補充学習などでサポートするのが当然なのです。子どもの学力の足りない部分を補い、遅れている部分をカバーするのは学校であり、その責任を最終的に負っているのは国です。国が、すべての子どもの学力を保証し、必要な教育を提供する義務があると、多くの国々では考えられています。つまり、「教育は国全体で進める未来への投資」なのです。

「学力=国力」である

ところで、国にとって、子どもの学力はそんなに重要なのでしょうか。日本人には理解しづらいかもしれません。しかし、冒頭で示した大学ランキングや国際競争力の結果を見ると、その一端を窺《うかが》い知ることができます。

フィンランドの教育改革に携わったオッリペッカ・ヘイノネン元教育相は、「教育は投資です。これは国の競争力にかかわる問題です。教育大臣になった当時、フィンランドは不況の真《ま》っ只中《ただなか》でしたが、私は、そこから抜け出すには〝人〟という資本に投資するのが一番よい方法だと考えたのです」と話しています（NHK「クローズアップ現代」〈ヨーロッパからの〝新しい風〟【4】教育で国の未来を切り開け〉2008年1月31日放送より）。

1994年から教育改革に着手した同国は、国際経営開発研究所（IMD）による世界競争力のランキングにおいて飛躍的に順位を上げ、25位から2位にまで登り詰めました。もちろん、成功の理由は教育改革のみにあったわけではありません。国家産業戦略として、世界に先駆けてICT産業に重点を置き、研究開発への投資に力を入れたこと、その結果、ノキアのようなイノベーション企業が成長を遂《と》げたことが、グローバルな競争力の強化につながったことは想像に難《かた》くありません。

しかし、よく考えてみれば、ノキアの成長を支えたのも、研究開発に携わる優秀な人材であり、国が高等教育に資金を投入し、人材育成に力を入れてきたことがその背景にあります。実際、フィンランドでは研究者の養成に力を入れてきており、2011年時点での労働人口あたりの研究者数は世界第2位（労働人口1000人あたり14・8人）で、1993年と比べてほぼ倍増しています（独立行政法人科学技術振興機構研究開発戦略センター「競争力のある小国の科学技術動向」2013年度版）。

つまり、教育に投資するということは、有能な人材を育て、技術力を高めて経済を発展させ、

IMD世界競争力ランキングの推移

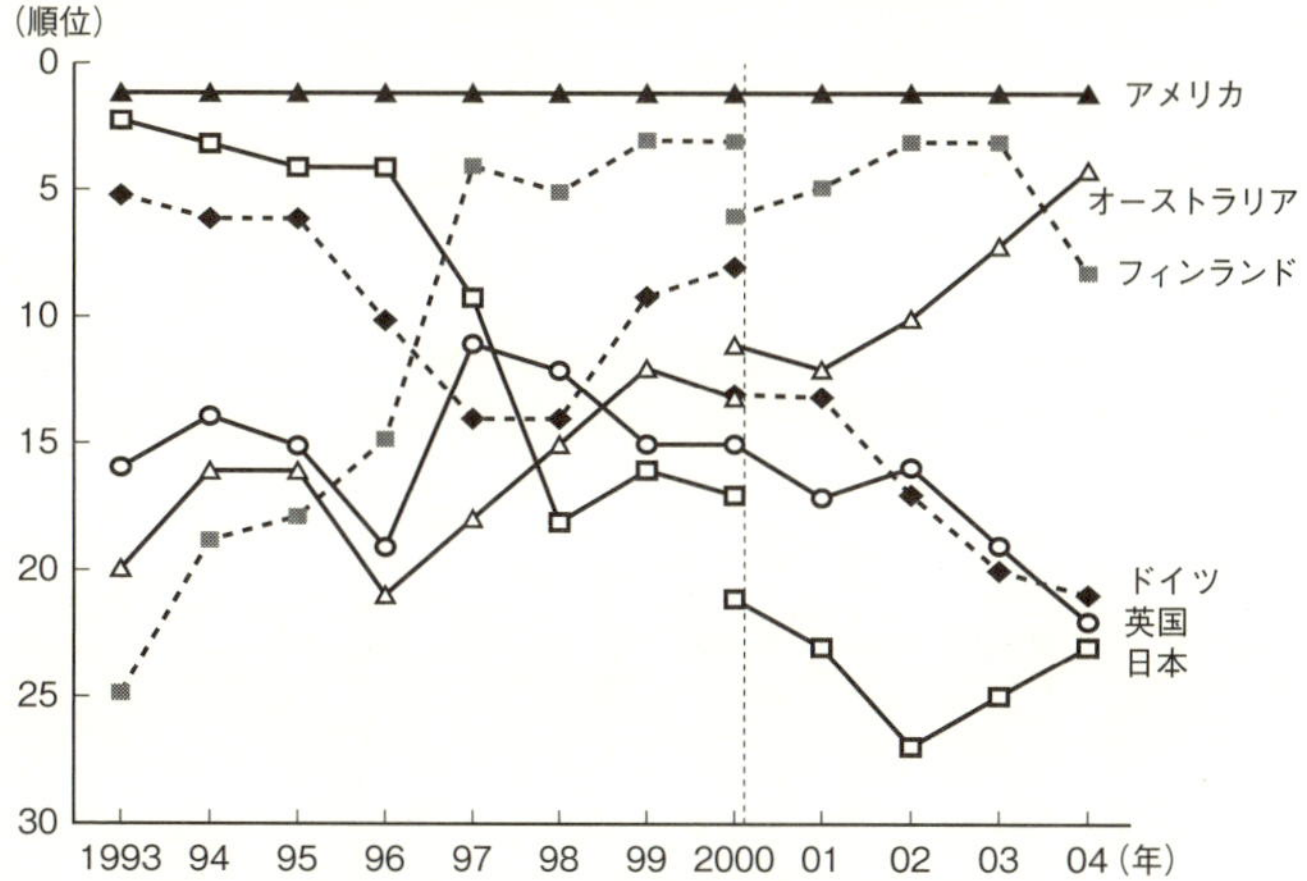

出典：内閣府政策統括官室「世界経済の潮流　2004年秋」

フィンランドの研究人材数の推移

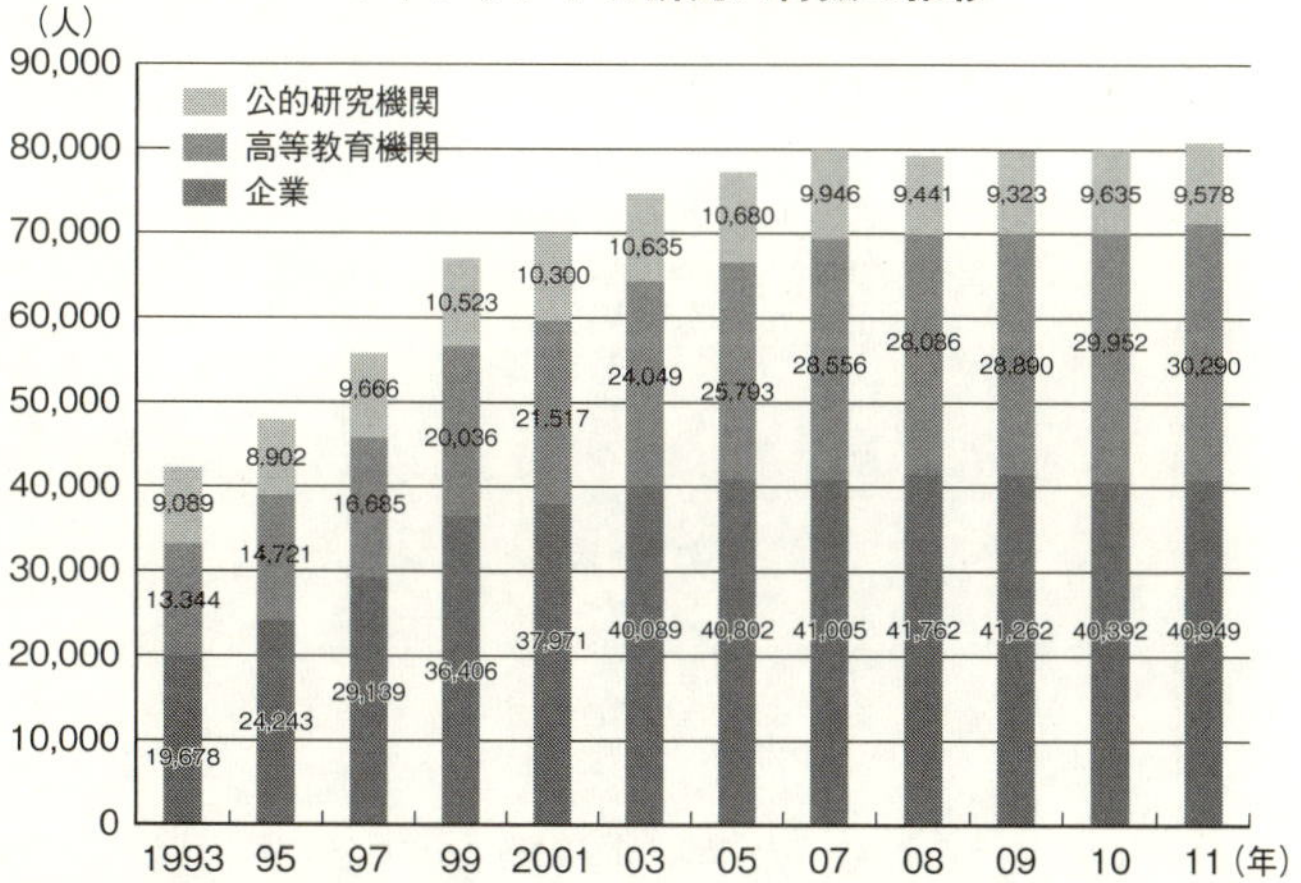

出典：Statistics Finland, Science, Technology and Information Society
出典: 独立行政法人科学技術振興機構研究開発戦略センター「競争力のある小国の科学技術動向」(2013年度版)

結果として国際競争力を向上させること、すなわち、国力を高めることにもつながるというのです。

では、教育に投資をするとして、どこにお金を掛けるのか。重点を置くところを間違えると、せっかくの投資も無駄になってしまいます。日本の古い考え方にとらわれていると、エリートの数を増やす、エリートの質をさらに高める、といった方向に比重を掛けてしまいかねません。しかし、それではダメなのです。

OECD教育スキル局長のアンドレア・シュライヒャー氏は、2011年に来日した際の講演で（当時、OECD事務総長教育政策特別顧問）、「昔は数少ない教育を受けた人たちがいれば足りたのですが、21世紀においては、すべての生徒が成功を収めなければなりません。生活を見ても、経済を見ても、資格が低いということはもう許されない。そういうことで、21世紀の大きなテーマが平等性となっています」と強調しています（教育総研設立20周年記念集会、2011年7月29日）。

一握りのエリートが企業を動かし、経済を動かし、国を動かす時代はとっくに終わっているということです。大切なのは、格差の是正と全体的な学力の底上げにほかなりません。そのためには、「個に寄り添う」指導による、本当の意味での平等性が必要だということに、日本も早く気づき、考え方を改めなければなりません。

世界の多くの国々は、そのことをすでに認識していて、政策を転換し、教育に〝お金〟も〝人〟も掛けるしくみづくりを始めています。一方で、日本は相当な後れを取ってしまいました。いまからでも、すぐに教育重視の政策に着手すべきです。

機会均等のための無償教育

では、学力格差を最小限にとどめるにはどうしたらよいのでしょうか。教育のカリキュラムや教師の指導法を工夫することもひとつの方法ですが、もっとも効果的かつ基本的なことは、すべての子どもに均等に教育の機会を与えることです。そのためには、教育の受け手が〝消費者〟であってはなりません。つまり、〝お金を払って教育を受ける〟というしくみがある限り、教育格差、学力格差は解消できないということです。

いま日本では、奨学金問題が深刻化しています。

日本では、給付型の奨学金はほとんどなく、学生時代に借りた分は就職後、利子を付けて返していかなければなりません。しかし、一定以上の収入が得られる正規労働者になれる人は限られていて、賃金の低い不安定な非正規労働者になったり、職に就《つ》けなかったりという状況に陥《おちい》って、返済が困難になる事例が後を絶ちません。本来、〝学びたい〟若者を支援するはずの奨学金制度ですが、経済状況の悪化で〝借りたのに返せない〟若者が急増し、「奨学金破産」という言

高等教育費負担の各国比較

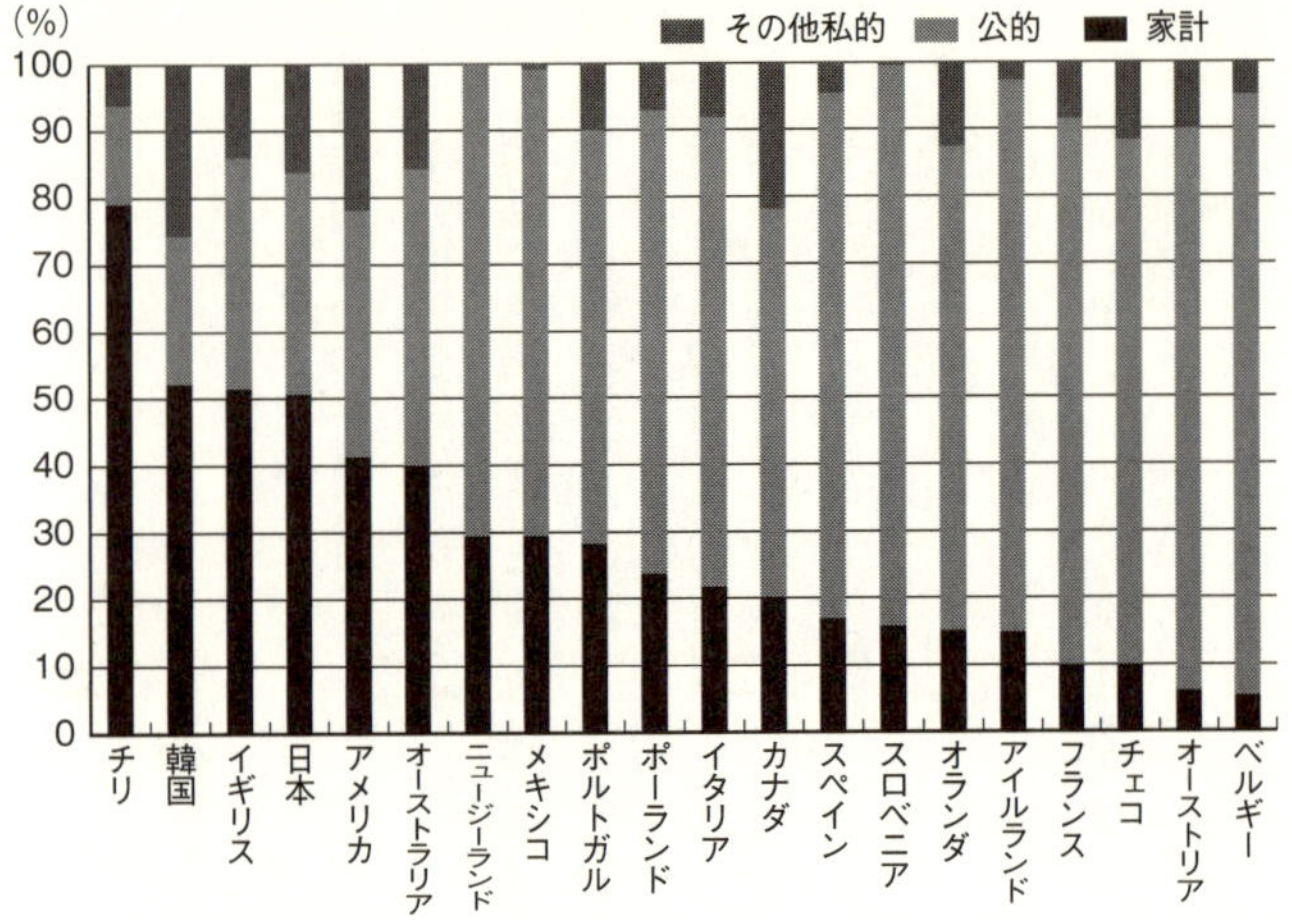

データ：OECD, Education at a Glance, 2011
出典：小林雅之（東京大学大学総合教育研究センター）「各国における奨学金と高等教育の費用負担のあり方」

大学進学率の国際比較

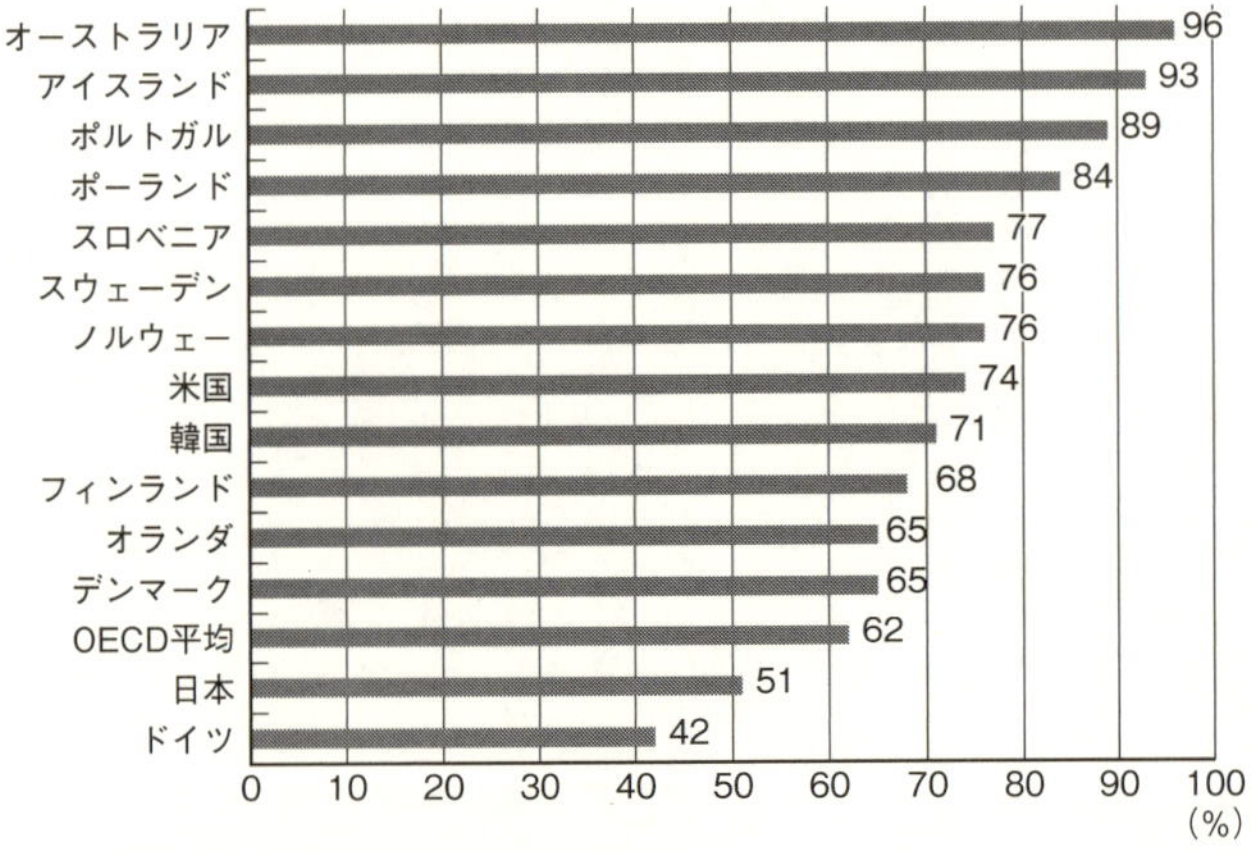

出典：OECD, Education at a Glance, 2012

公的教育支出の対GDP比

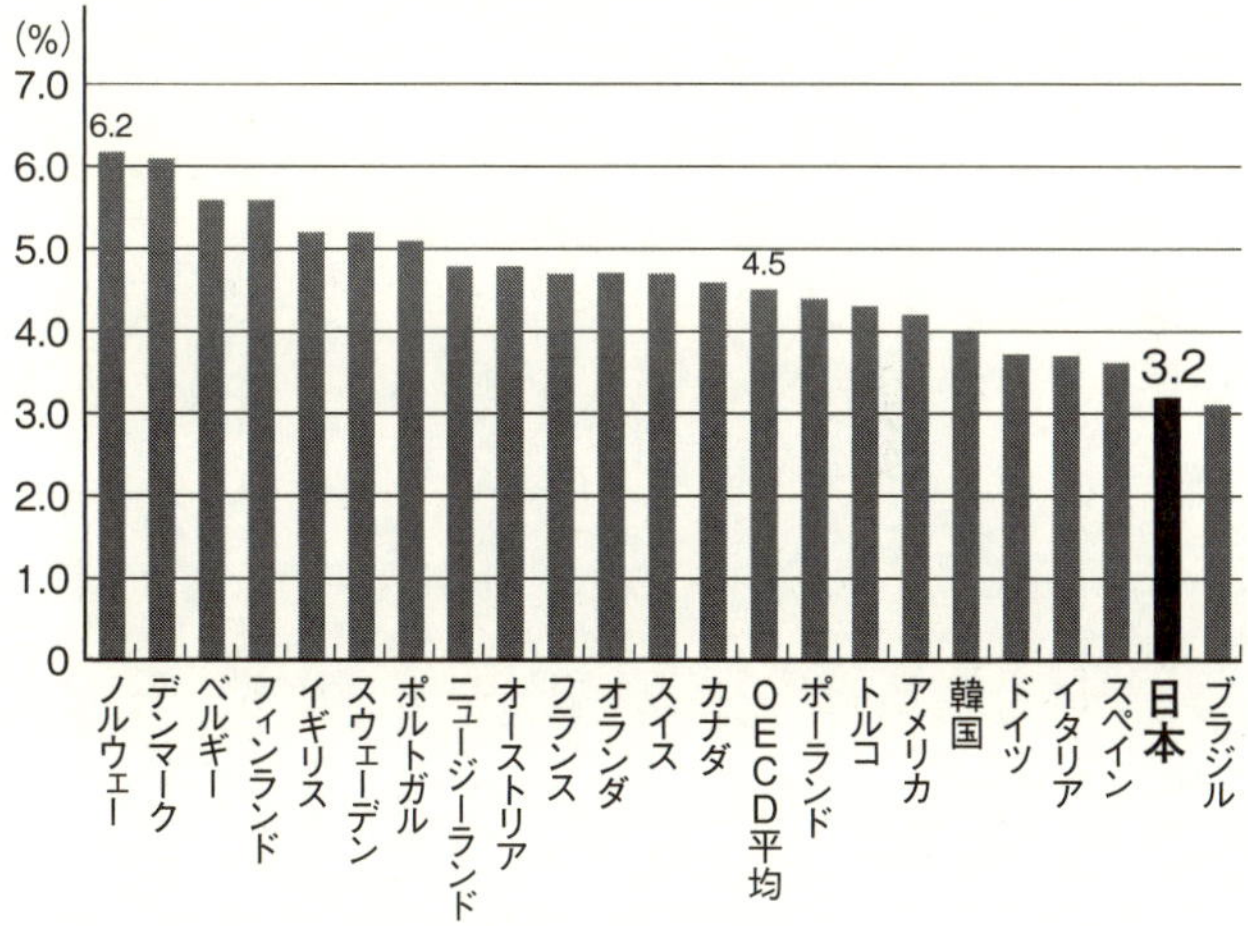

出典：OECD, Education at a Glance, 2016

葉さえ生まれています。

文部科学省が行った調査では、2014年度に、大学・短大を中退した学生のうち、経済的理由を挙げた者は21・2%、およそ5人に1人の割合だったことが報告されています（朝日新聞2016年7月2日付）。その中には、奨学金制度を利用していても、なお学費と生活費を工面することができなかったと訴えるケースもあり、奨学金制度のさらなる拡充が求められています。

こんな状況では、学びたいけれど、経済的に困難だから進学をあきらめざるをえない、という若者がますます増えていくことになります。しかし、世界に目を向ければ、子どもの教育費の工面で親や本人が四苦八苦《しくはっく》しているというのは、むしろ少数派なのです。

ヨーロッパでは国によって違いはありますが、教育費は無償に近くなっています。オランダの場合、中等教育を修了するまでは完全に無料、大学は有料ですが、どの大学・学部も学費は一律で、年間授業料は日本円でおよそ20万円といいます（『いま「開国」の時、ニッポンの教育』尾木直樹・リヒテルズ直子、ほんの木、２００９年）。

このように紹介すると、「オランダは教育先進国だから特別なのでは」と思われるかもしれませんが、ＯＥＣＤの主要国の中でも、大学進学にかかる費用の負担を家計がメインで担《にな》っている国は多くはありません。日本や韓国、イギリスでは、費用の50％以上を家計が負担していますが、ほかのヨーロッパ諸国を見ると家計の負担割合は30％以下のところが多いのが実態です。

経済状況がよくない日本で、多くの子どもが大学進学に困難を来《きた》しており、そのことは進学率の伸び悩みといった形で表れています。

日本の大学進学率は経済成長とともに年々上昇し、２０００年には44・1％、２０１０年に52・2％に達しました。しかし、これをピークに下降し始めており、２０１２年には51・2％に落ちてきています。これはＯＥＣＤの平均値である62％を大きく下回っており、世界的に見ても、日本の大学進学率が低いことが示されています。

さらに、教育費への公的支出を国際比較したデータでは、ＧＤＰに占める教育機関への公的支出の割合が、6年連続でOECD加盟国中下から2番目という憂慮すべき報告も出されています。教育費への公的支出の割合は、日本は3・2%(2013年)。もっとも高いノルウェーが6・2%、OECD平均でも4・5%です。

世界の国々が教育に力を入れている中で、時代に逆行するかのように、人を育てることの重要性を顧《かえり》みようともしない、この国の現状にもどかしさを覚えるのは私だけでしょうか。

国民の努力への依存は限界

日本の教育が世界から後れている、日本人の学力が世界で通用しなくなっている、といった現実を知らされて、多くの日本人が「なぜ?」と思ったことでしょう。

日本人は昔から教育熱心な国民で、子どもの教育に優先的にお金を使う家庭も少なくありません。貧しくても、せめて教育だけは子どもに授《さず》けたいと、苦しい家計から工面して教育費を捻《ねん》出《しゅつ》するという話はいくらでも耳にします。それほど、日本人一人ひとりは教育の大切さを認識し、子どもの教育のために精一杯のことをしているのに、「それでも世界に追いつけないのか」と、愕然《がくぜん》とすることでしょう。

このことは、ある意味では教育熱心な国民性が災《わざわ》いしたとも考えられるのです。国民レベルで子どもの教育を支え、それで一定の教育水準を保つことができてしまったために、国が教育に力を入れずに済んできたともいえるからです。言い換えると、国が「国民の努力」に依存し甘えてきたということです。

しかし、経済不況が続く中、国民レベルで教育力を維持していくには限界があります。一方で、世界の国々では政府が大々的に教育改革を政策に掲げ、公的資金を投入して、教育水準の向上を図っています。そうした国家レベルの教育政策に、国民レベルの教育熱だけで太刀打《たちう》ちできるはずがありません。世界で高学歴化が進む中、日本で進学率が低下しているという現実は、もはや国民の努力で教育力を維持・向上させることはできない、ということの表れではないでしょうか。

大学で学ぶために奨学金を借りたけれど、安定した収入が得られないために返済できない。それを「自己責任」と非難したり、「借りたお金を返すのは当たり前」と冷たく突き放したりするような国は、国際的にはごく少数です。

このまま日本の教育力が低下していけば、国自体が衰退してしまう危険さえあります。そうならないために、私たちはもっと声を上げなければならないように思います。

第3章　２０２０年は教育改革のラストチャンス

新時代のキー・コンピテンシー

「教科書で学ぶ知識は、すぐに時代遅れになります。一生懸命暗記しても、大人になったら一向に役に立たないかもしれません。必要なのは、状況を分析し、他人に論理的に説明し、情報を批判的に捉《とら》える能力、さまざまな分野の知識をつなぎ合わせて、問題を解決に導いていく能力なのです」

これは、OECD教育スキル局長のアンドレア・シュライヒャー氏の言葉です（NHK「クローズアップ現代」2008年1月31日放送より）。同氏は、「簡単に暗記できたり、テストで簡単に測《はか》れたりする能力は、どんどん必要ではなくなっていく」と断言したうえで、幅広い事柄に臨《りん》機応変《きおうへん》に対応でき、多様な人々と協調・協働でき、状況に応じて問題を解決できる能力の必要性を説《と》いています。

同氏が重要だと指摘する「状況を分析し、他人に論理的に説明し、情報を批判的に捉える能力、さまざまな分野の知識をつなぎ合わせて、問題を解決に導いていく能力」とは、具体的にどのような能力を指しているのでしょうか。

この考え方のベースになっているのは、OECDが1999年から2002年にかけて行った、人々がこれからの社会に適合していくために必要とされる能力を研究するためのプロジェク

3つのキー・コンピテンシー

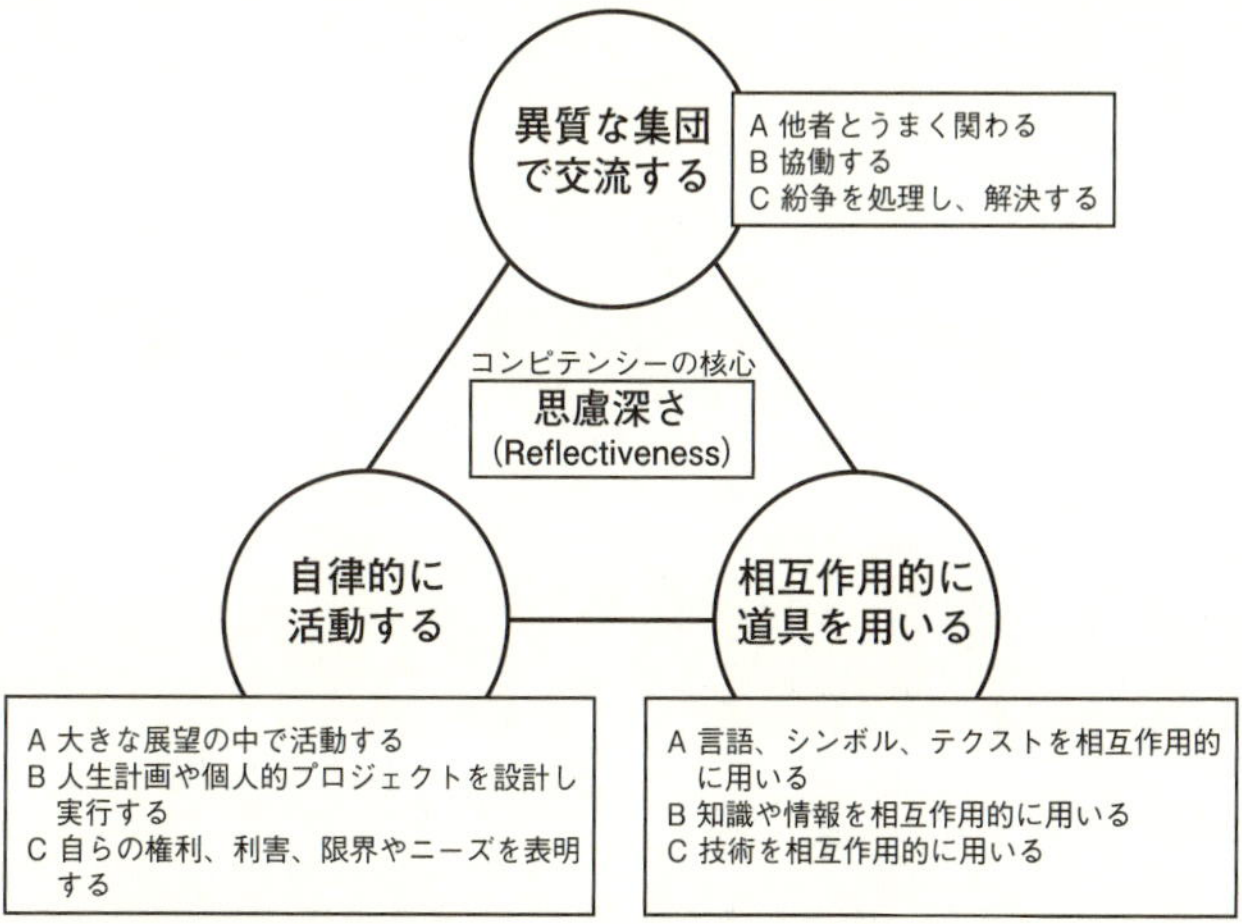

出典：国立教育政策研究所「キー・コンピテンシーの生涯学習政策指標としての活用可能性に関する調査研究」

ト「能力の定義と選択」（De《デ》Se《セ》Co《コ》＝Definition and Selection of Competencies）の研究成果として打ち出された新しい能力概念、「キー・コンピテンシー」です。

「キー」とは〝鍵〟、「コンピテンシー」とは〝能力〟のことですから、直訳すれば「鍵となる能力」。これは、これからの知識基盤社会（新しい知識・情報・技術を得ること、またそれらを活用することが社会のあらゆる領域での活動基盤として重要性を増していく社会）を生きていくために要求される主要な能力だと言い換えることができます。

DeSeCoでは、OECDの12の加盟国から普通義務教育の教育目標となるような能力（コンピテンシー）に関するレポートを得て、それを基に教育学、哲学、経済学、人類学など多彩な側面から学際的な討議を行ったうえで、〝世界標準〟となるような「キー・コンピテンシー」を定義づけました。

この「キー・コンピテンシー」は、①相互作用的に道具を用いる、②異質な集団で交流する、③自律的に活動する、の3つのカテゴリーに分類されています。

「相互作用的に道具を用いる力」とは、情報や知識、言葉やテクノロジーなどを〝ツール〟と捉え、これをうまく活用する力のことです。また、「異質な集団で交流する力」とは、他者と円滑《えんかつ》にコミュニケーションが取れ、ともに協力しながら仕事を成《な》し遂《と》げることができ、知恵や技術を出し合って協働して問題解決を図《はか》る力のことです。そして、「自律的に活動する力」とは、大きな展望を持って活動する力、計画やプロジェクトを自ら立てて実行する力、さらに、自分の権利やニーズ、限界を他者に表明できる力です。

グローバル化、高度情報化が加速するこれからの社会では、個人が情報や知識をたくさん保有していること、高いスキルを獲得していることだけで価値があるとはいえず、蓄積した知識や技術を他者と協働しながら活用し、問題解決へとつなげることができる能力が求められているといえます。これがまさに、ＰＩＳＡ調査で評価しようとしている〝学力〟であり、現代の〝世界標準の学力〟といわれているものなのです。

「古い学力」に仕事はない

前出のアンドレア・シュライヒャー氏は、２０１５年に来日した際のある会合で、「米国や日本において、過去50年間で増加した職業と減少した職業を分析したところ、『非定型的・対話型』、『非定型的・分析型』のスキルが必要な職業は増加したが、『定型的』なスキルが求められる職業は減少している」として、「今後も、簡単に教えられることは簡単に自動化・ＩＴ化され、外部委託されるだろう」と指摘しています（「週刊経団連タイムス」２０１５年7月16日付）。

教科基盤型の、基礎学力を量と速度で評価する〝古い学力観〟にとらわれていると、個性・創造性に乏《とぼ》しい「指示待ち」の人材を量産することになりかねません。しかも、「定型的」なスキルを発揮《はっき》するだけでよければ、量・速度・正確性の点からいっても、パソコンやロボットのほうが人間よりもはるかに優秀です。コスト面でも、そちらに任せたほうが有利に違いありません。個人に知識や技術を蓄積させることに重点を置いた旧来の教育を続けていることは、パソコンやロボットのような、言い換えれば〝ツール〟にしかならないような人材を育成していることにほかならないのです。

シュライヒャー氏は、２０３０年を見据《みす》え、人々が社会で求められる能力として、①グローバル化し複雑化する社会において、多様な協力関係を結び、それらを管理する能力、②問題の細かな要素を結びつけ、価値を生み出す能力、③情報を整理する能力、④専門家としての深い知識と、ゼネラリストとしての知識の幅広さを併せ持つこと、の4つを挙げています（同前）。

知識を詰め込むだけの教育に早く見切りをつけて、世界標準のキー・コンピテンシーを身につけさせる教育への転換が急がれます。子どもの主体性に働きかけることで、発想力や想像力、多角的な分析力、協働性などといった能力を伸ばしていくことが求められているのです。

注目のフィンランド・メソッド

では、具体的にどのような教育を行えば、子どもがキー・コンピテンシーを身につけることができるようになるのでしょうか。

フィンランドで取り組まれている「フィンランド・メソッド」は、ひとつのヒントになると考えられます。「フィンランド・メソッド」は、ＰＩＳＡ型学力のうち、主に読解力を育むうえでも有効な方法といわれています。フィンランドの教育に詳しい早稲田大学大学院教職研究科教授の田中博之《たなかひろゆき》氏は、フィンランドの基礎教育課程で行われている授業内容について、次のように報告しています。

「たとえば、文章表現の授業では、子どもたちをまず遊ばせます。パペットで遊びながら、ドラマごっこを自由にさせます。その後で、先生が子どもたちに、『目をつぶって、TVの画面を思い描いて、風景や衣装を想像してごらん』『物語のストーリーをつくってみようね』と語りかけます。子どもたちのイメージを膨《ふく》らませ、最後に作文を書かせるわけです。……（フィンランドの子どもたちは）1600字程度の文章を小学4年生でも平気で書けます」（NTT東日本『VALUE VOICE』vol.26より）

このように、遊びの要素を取り入れながら、さまざまな能力を一度に身につけることができるのが「フィンランド・メソッド」の特徴です。

ごっこ遊びで友だちと会話するためのコミュニケーション力、設定や登場人物、ストーリーなどを発想する力、ストーリーを矛盾《むじゅん》なく展開させるための論理力、文章を書くための表現力……。フィンランドの子どもは、幼い頃からこうした力を総合的に身につけられる教育を受けています。しかも、これらの指導法にマニュアルがあるわけではありません。一人ひとりの先生が子どもと向き合いながら、その子どもに合う独自の授業や指導法を考案しており、現場では多様な「フィンランド・メソッド」が展開されているのです。

「なぜ？」で培う批判力と論理力

私がフィンランドのある保育園を視察に訪れた際、印象に残ったのは、保育士の子どもたちに対する質問の仕方です。園長先生がこんな話をしてくれました。

「つい先日、〝水〟をテーマにした活動を行いました。まず、子どもたちに、『〝水〟と聞いて、どんなことを思い浮かべますか』と問いかけます。すると、ある子どもは『冷たい』と答えます。そこで、保育士はすかさず『ミクシ?』と問い返すのです」

〝ミクシ〟とは、フィンランド語で「どうして?」という意味です。フィンランドの教師や保育士は、子どもの発言に対して、必ずといっていいほど「ミクシ?」(どうして?)と問いかけます。先生だけではありません。友だちの発言に、子ども同士が「ミクシ?」と尋ねる光景も、フィンランドではごく普通のことです。園長先生は、次のように続けます。

「『ミクシ?』と聞かれた子どもは、〝水〟から〝冷たい〟を連想した理由を、『温めるとお湯になるから、水のときは〝冷たい〟』というように、理路整然と答えます。ほかにも、『気持ちいい』と連想した子どもは『汗をかいた後で飲むと気持ちいいから』、『嫌い』と連想した子どもは『前にプールでおぼれそうになったことがあるから嫌い』というように、理由をはっきりと言うことができます」

最初の質問である「〝水〟から何を連想するか」に答えを出すには、自分の知識や経験を駆使《くし》して「発想する力」、人の発言や意見に対して「どうしてそう考えるのですか?」と根拠を問いただすには「批判的思考力」、そして、「どうして?」の質問に説得力のある答えを出すには「論理的思考力」や「表現力」が必要になります。

フィンランドの子どもたちは、保育園に通うような幼い頃から、「発想力」「批判的思考力」「論理的思考力」「表現力」を鍛《きた》えているのです。この4つの力に、「コミュニケーション力」を加えた5つの力を、フィンランド・メソッドでは、社会で生きていくうえで重要な力と位置づけています。

日本では、〝子どもは、能力も判断力も洞察力も大人より劣《おと》っていて未熟な「成長途上人」「発展途上人」であり、大人が管理したり、指示したり、導いたりしなければ正しく行動できないはずだ。だから、大人の言うことを素直に聞いていればいいんだ〟というような考え方が古くからあります。子どもが主体的に思考し、論理的になったり批判的になったりすることを、日本の大人は求めていないといえるのではないでしょうか。

このような日本特有の古い「子ども観」の問題以外にも、日本ではこれまで「批判的思考力」「論理的思考力」「表現力」を身につける教育に力を入れてこなかったことが指摘できます。大人数・一斉教育型で、教師から「受け身」で「教わる」という、これまでの日本の伝統的な授業形態の教育の下では、言われたことを忠実にこなし、人と同じように行動できる〝従順な子ども〟を育ててきました。そして、そのような均質志向や従順さが、日本の社会や日本人の特徴にもなっているのです。

その一方で、個人主義を大事にする欧米では、教育においても個性や自主性、自己主張を大事にしています。アメリカなどに留学した日本の学生が、スピーチや討論を積極的に取り入れた授業形態や、同級生たちのスピーチ力に驚いた、という話は珍しくありません。

また、ヨーロッパ諸国ではオルタナティブ教育（国家などが管理する従来の学校とは異なる学校や学習の場）が盛んですが、そのひとつであるイエナプラン教育の学校でも、子どもの自主性や自立、個を尊重した教育が行われています。

オランダ国内に約220校あるイエナプランの小学校では、「サークル」といって、始業時や下校時のほかに、学校活動のさまざまな場面で、頻繁に大小の輪をつくって話し合いの場が持たれます。これは、単に発表する力＝プレゼン能力を鍛えるという狭《せま》い意味合いにとどまらないものので、「聞く練習」「話す練習」が日常的に行われているのです。

さらに、欧米では批判的思考力をつけていくことも重視されています。批判的に考える力、すなわちクリティカル・シンキングとは、「ものごとを多様な観点から考察する力」です。クリティカル・シンキングは、これからの多文化共生・ＩＣＴ時代を生きるうえで欠かせない力であり、２０１１年度から全面実施された学習指導要領でもその重要性が指摘されています。

しかし、前述したように、日本では伝統的な子ども観や教育観が根強いせいもあり、小学校からクリティカル・シンキングが重視された教育がなされているとは言い難い状況です。

これらの力は、ますます進む多文化共生社会化の観点から見ても、今後、大人にも子どもにもますます必要となってくるはずです。

日本にもあった変革のチャンス

このように述べてくると、これまでの日本の教育が「全くダメだった」と言っているように聞こえるかもしれません。しかしけっしてそうではありません。実は、日本の教育が望ましい方向へと舵《かじ》を切ったことがあるのです。それは、世間一般には〝失敗〟の烙印《らくいん》を押されてしまった「ゆとり教育」で打ち出された教育理念、教育方針にあります。

2002年度から実施された学習指導要領では、その「基本的なねらい」として、「各学校が『ゆとり』の中で『特色ある教育』を展開し、子どもたちに学習指導要領に示す基礎的・基本的な内容を確実に身に付けさせることはもとより、自ら学び自ら考える力などの『生きる力』をはぐくむ」ことを掲げました。従来の「知識・理解」偏重型の教育から脱却し、自ら課題を見つけ、考え、判断し、問題解決に向けて自発的に行動する力をつけることを主眼に置いたのです。

その「ゆとり教育」で、柱として導入されたのが「総合的な学習の時間」というカリキュラムです。「総合的な学習の時間」は、1998年に出された教育課程審議会の答申に基づいて、小学校・中学校・高等学校で2000年度から2002年度までに段階的に導入された授業時間で、「総合学習」「探究学習」などの名称で呼ばれてきました。子どもたちが自発的に学び、考える機会を通して、「生きる力」「人間力」を育むことを目的とした時間であり、各教科と道徳や特別活動の複数領域を横断的・総合的に学ぶ課題学習・体験学習であることが大きな特徴となっています。

カリキュラムの内容に決まりはなく、各校の裁量で、自校の行事や課外活動と教科の学習などを関連づけて、子どもが総合的に学べるようつくられます。そのため、学校の独自色も打ち出せるという特徴がありました。

２００７年にベネッセ教育総合研究所が全国の公立小中学校の教員を対象に行った調査では、「総合的な学習の時間」で取り上げたテーマとして、「将来の進路や職業などの指導」「国際理解や英語にかかわる学習」「学校行事やその事前事後の学習指導」「地域にかかわる学習」「情報（コンピュータなど）にかかわる学習」などが報告されています。

教科の枠内に留まりながら知識を詰め込む形式の授業ではなく、教科横断型であるという点、また、教師が働きかけ、子どもが受動的にそれを受け入れる形の授業ではなく、子どもが主体となって活動するという点において、それまでの日本型の授業のやり方、指導法とは一線を画《かく》します。

具体的には、たとえば地元の特産品について、グループに分かれて調べ、学習をして発表し合

「総合的な学習の時間」の位置づけ

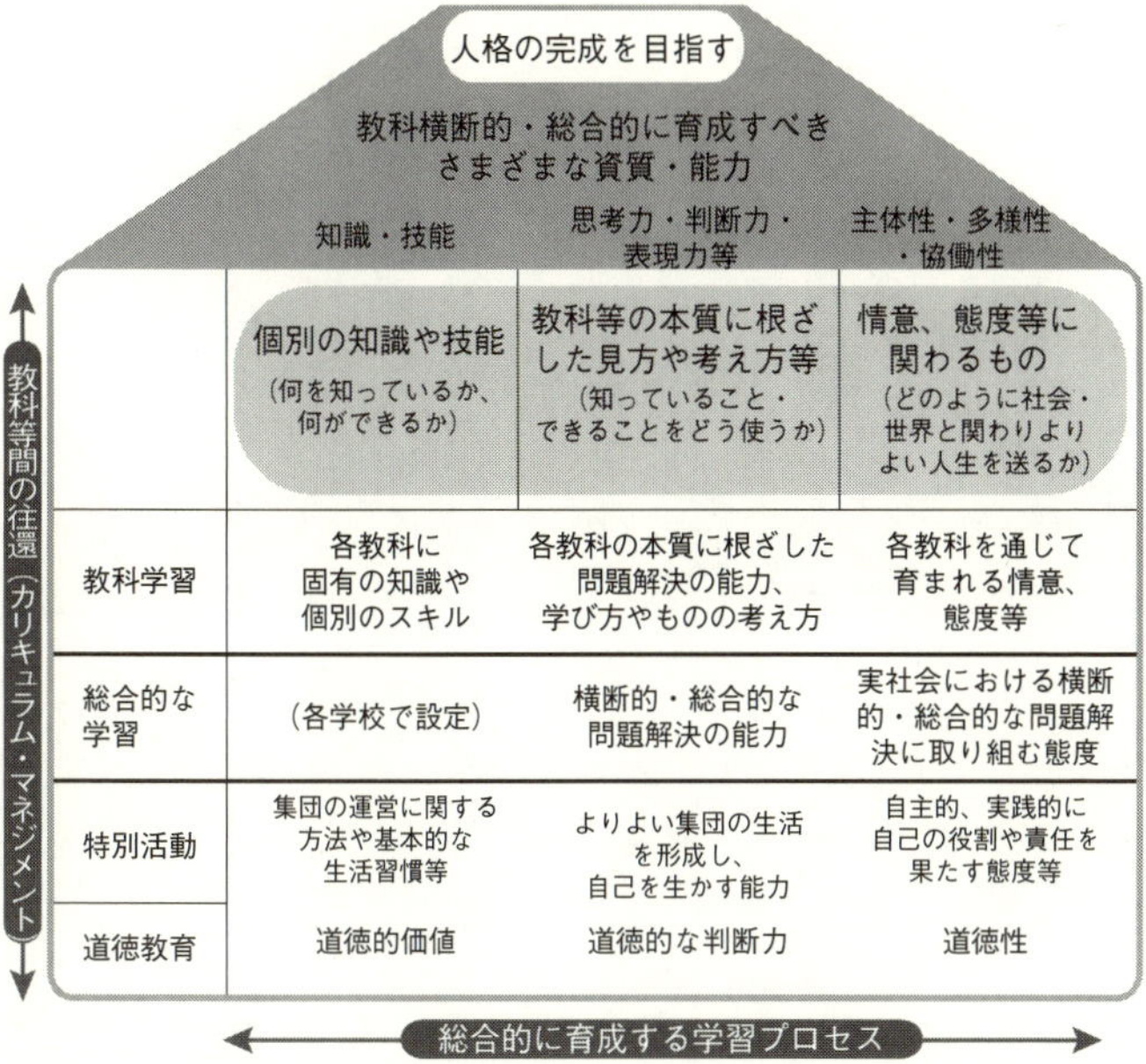

                    人格の完成を目指す

              さまざまな資質・能力

    知識・技能   思考力・判断力・   主体性・多様性・

                   表現力等   協働性

教科等間の往還／カリキュラム・マネジメント	個別の知識や技能 (何を知っているか、何ができるか)	教科等の本質に根ざした見方や考え方等 (知っていること・できることをどう使うか)	情意、態度等に関わるもの (どのように社会・世界と関わりよりよい人生を送るか)
教科学習	各教科に固有の知識や個別のスキル	各教科の本質に根ざした問題解決の能力、学び方やものの考え方	各教科を通じて育まれる情意、態度等
総合的な学習	(各学校で設定)	横断的・総合的な問題解決の能力	実社会における横断的・総合的な問題解決に取り組む態度
特別活動	集団の運営に関する方法や基本的な生活習慣等	よりよい集団の生活を形成し、自己を生かす能力	自主的、実践的に自己の役割や責任を果たす態度等
道徳教育	道徳的価値	道徳的な判断力	道徳性

「総合的な学習の時間」の内容設定について

内容として、目標の実現のためにふさわしいと各学校が判断した学習課題を定める必要がある。この学習課題とは、例えば、国際理解、情報、環境、福祉・健康などの横断的・総合的な課題、生徒の興味・関心に基づく課題、学校の特色に応じた課題、職業や自己の将来にかかわる課題などのことであり、横断的・総合的な学習としての性格をもち、探究的に学習することがふさわしく、そこでの学習や気付きが自己の生き方を考えることに結び付いていくような、教育的に価値のある諸課題のことである。

出典：文部科学省 教育課程部会 生活・総合的な学習の時間ワーキンググループ（第１回、2015年11月）資料 「総合的な学習の時間について」

う、海外から来日している外国人を招き、出身国の文化などに関する話を聞いてレポートをまとめる、といった内容です。教師や学校の工夫次第で、テーマや内容、方法は無限に広がります。

発表やレポートのテーマ決めに必要な発想力、グループで人と話し合うときに求められるコミュニケーション力、計画が予定通り進まなくなったり、意見が食い違ったりしたときに問われる問題解決能力、レポートをまとめたり、みんなの前で発表したりするときに必要な論理力や表現力などが、一連の活動の中で培《つちか》われていきます。

さらに、調査や取材の段階で得た情報が確かなものかどうかを吟味《ぎんみ》したり、友だちの発表を聞いて疑問に思ったことを質問したりといった場面では、批判的思考力も求められるでしょう。「総合的な学習の時間」を通して、キー・コンピテンシーを育む効果が期待できるのです。

こうしたことから、「総合的な学習の時間」の導入については、私を含め、多くの教育専門家がその意義を高く評価していました。しかし、2003年、2006年のPISA調査で、日本の「順位」が急落したことを受けて、「総合的な学習の時間」も含めた「ゆとり教育」全体が批判の矢面に立たされることになったのです。

PISAショックのミスリード

PISA調査における日本の順位の推移をあらためて見ると、数学的リテラシーでは2000

年に1位だったのが、2003年では6位、2006年では10位、同様に読解力では8位↓14位↓15位、科学的リテラシーでは2位↓2位↓6位と落ち込んでいます。この〝学力低下ぶり〟は「PISAショック」と呼ばれ、多くの日本人を失望させました。そして、そのタイミングが折しも「ゆとり教育」の導入直後であったために、「〝ゆとり〟が間違っていた」と責め立てられることになったのです。

しかし、この指摘には大きな〝矛盾〟があります。

「ゆとり教育」が完全導入されたのは、小中学校では2002年度から、高校では2003年度からです。一方でPISA調査は、日本では高校1年生が受けることになっています。ですから、2003年のPISA調査を受けた子どもは「ゆとり教育」を1年間しか受けていないことになり、その影響の大きさを論じることにはどう考えても無理があります。

また、PISA調査の参加国は、2000年の32ヵ国から、41ヵ国・地域（2003年）、57ヵ国・地域（2006年）と大幅に増加しています。母数が増えているのですから、「順位の下落＝学力低下」と単純に結びつけることはできないはずなのに、日本では順位ばかりが取り沙汰されたのです。日本社会がいかに〝順位〟という競争主義にとらわれているかがよくわかります。

確かに、2006年の調査を受けた子どもは、中学校時代と小学6年時のみの4年間「ゆとり教育」を受けたことになります。ですが、もし、「ゆとり教育」の影響・評価をより厳密に判断

数学的リテラシー平均得点の経年変化（6ヵ国）

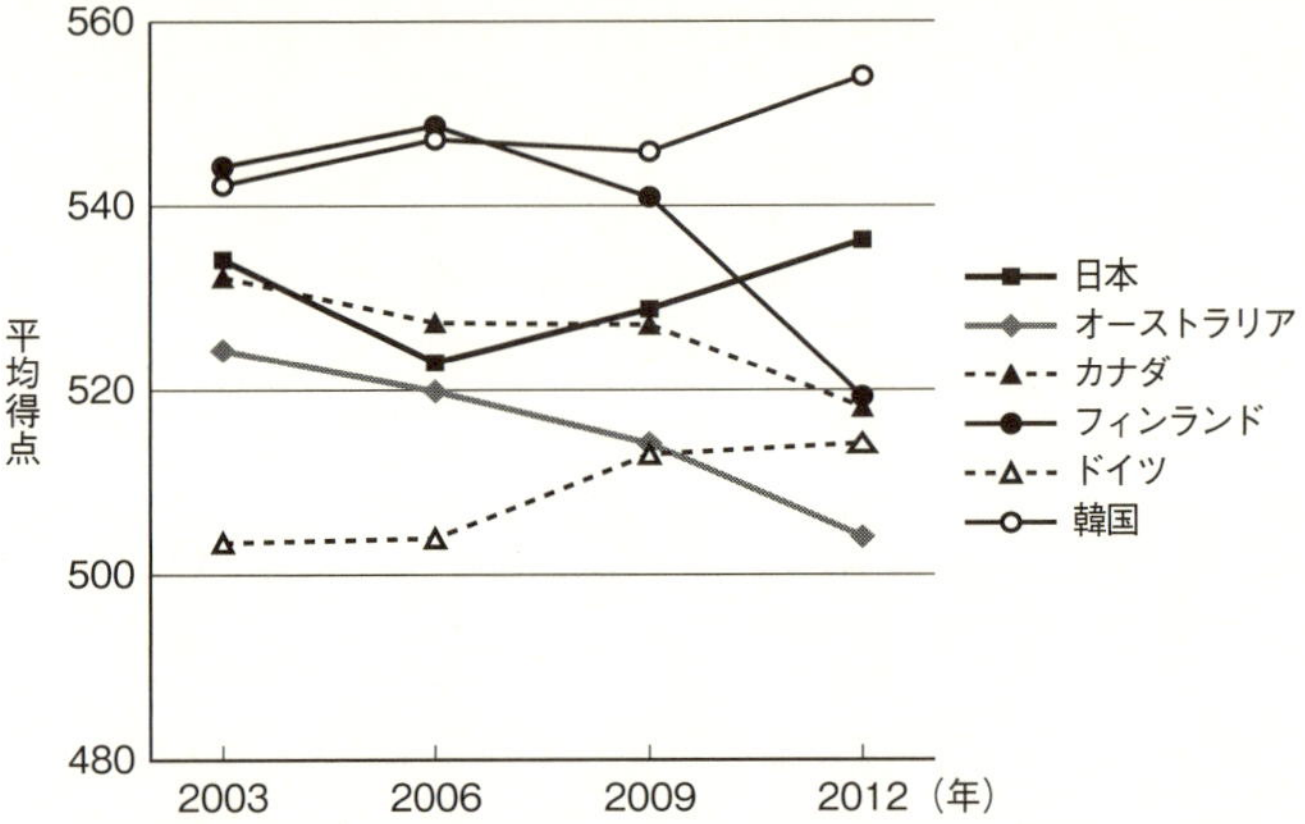

出典：文部科学省国立教育政策研究所「OECD生徒の学習到達度調査～2012年調査国際結果の要約」（2013年12月）

するのであれば、小学校低学年のときから長期間にわたって「ゆとり教育」を受けてきた、もっと下の世代の成績を判断材料にすべきでしょう。それを考えると、ＰＩＳＡ調査の２００９年、２０１２年の結果のほうが「ゆとり教育」の影響をより色濃く反映しているといえます。

そこで、ＰＩＳＡ調査の２００９年、２０１２年の結果を見てみると、数学的リテラシーは２００６年の10位から、９位（２００９年）、７位（２０１２年）と上昇しており、読解力も２００６年の15位から、８位（２００９年）、４位（２０１２年）と好転していることがわかります。また、科学的リテラシーについても、２００６年の６位から、５位（２００９年）、４位（２０１２年）と上昇傾向をたどっているのです。また、単に順位が上がっているという

読解力平均得点の経年変化（6ヵ国）

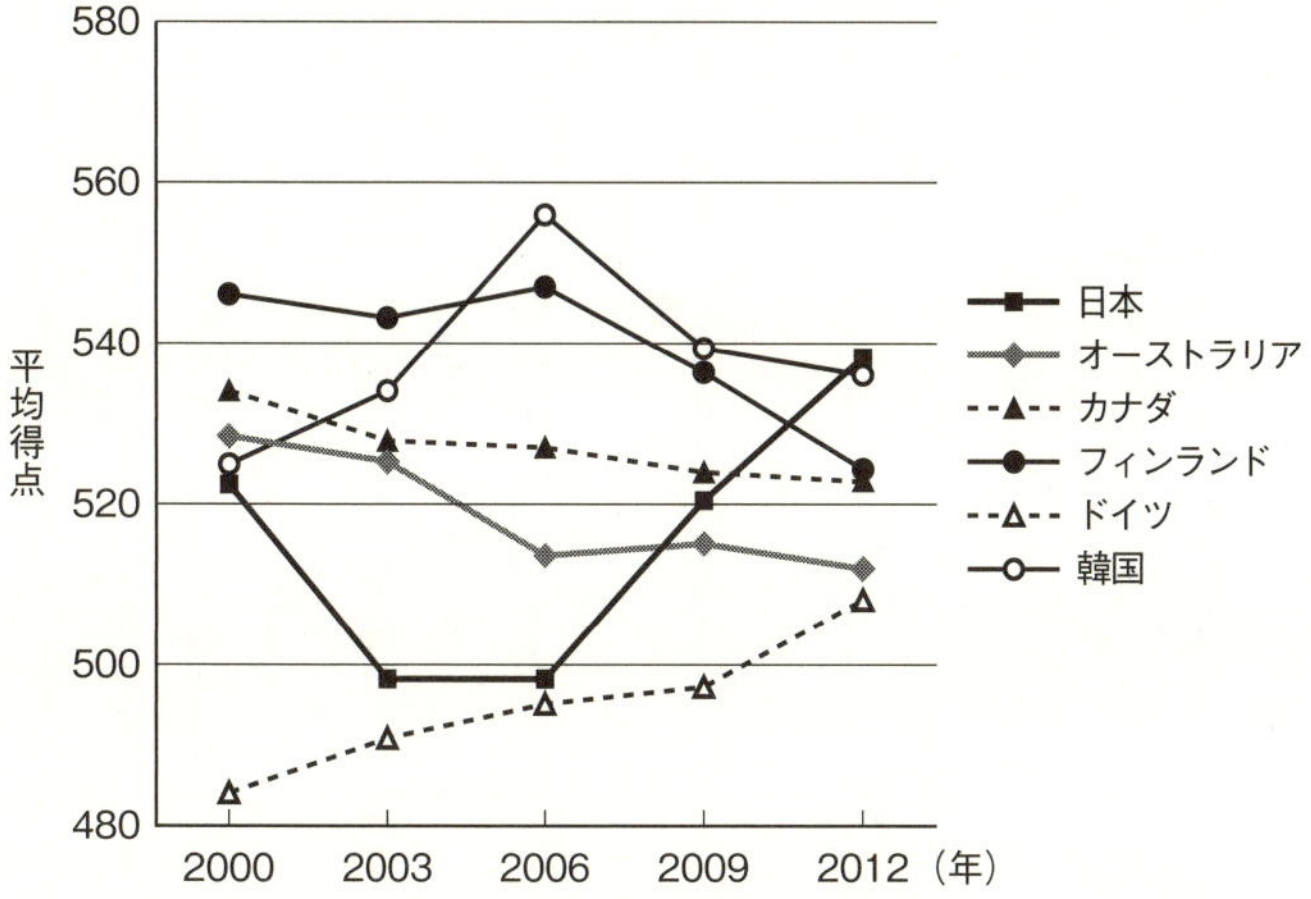

科学的リテラシー平均得点の経年変化（6ヵ国）

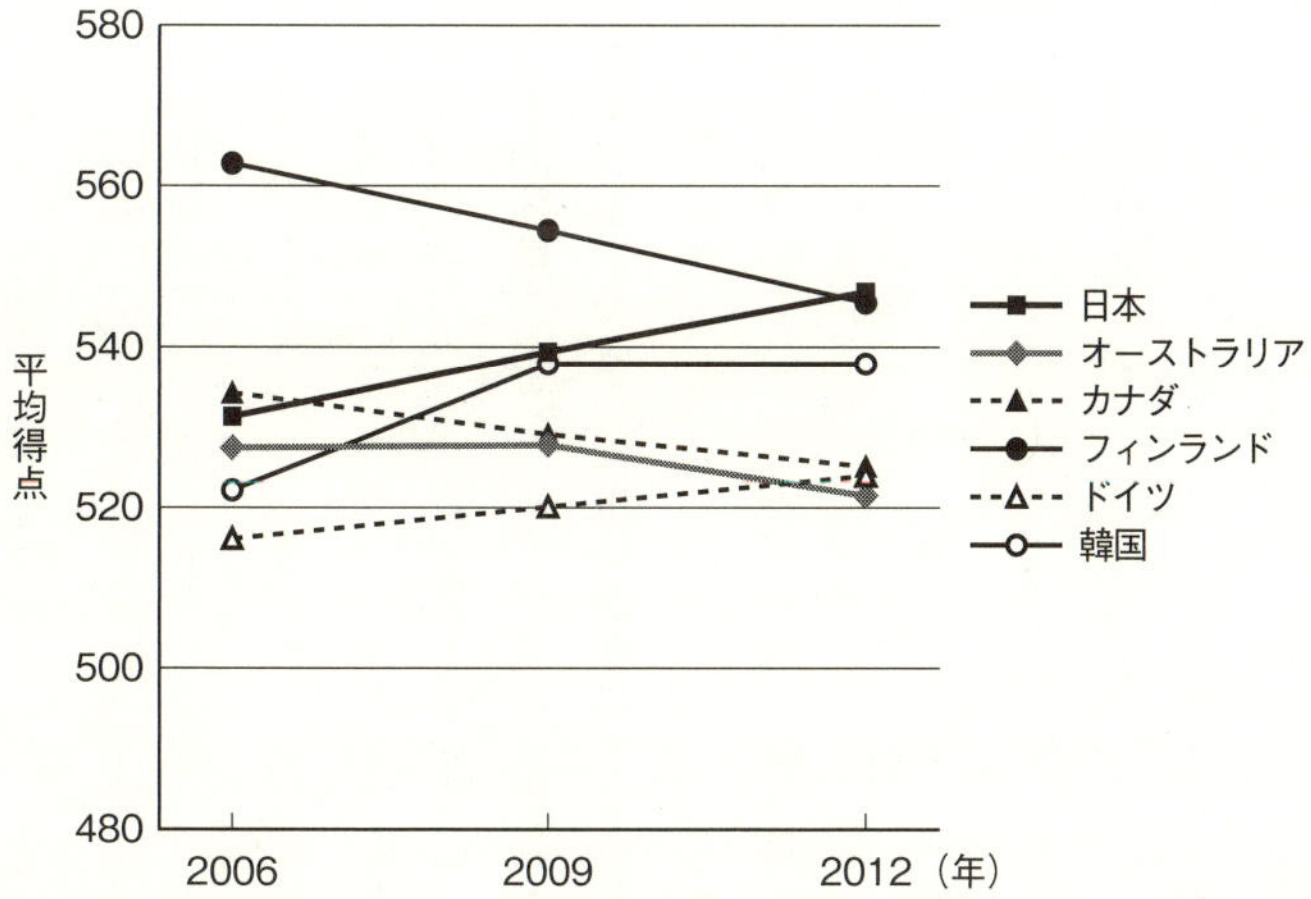

だけでなく、得点においても上昇傾向が見られます。

ＰＩＳＡ調査の結果だけで判断すれば、むしろ、「ゆとり教育」の導入により、子どもたちのＰＩＳＡ型学力は向上した――と解釈することができるのです。

ＯＥＣＤが２０１３年に公表した『ＰＩＳＡ２０１２調査報告書』（PISA2012 Results: Creative Problem Solving: Students' Skills in Tackling Real-Life Problems）でも、日本の結果について、「日本はＰＩＳＡ２０１２調査において全ての教科でトップかトップに近い成績を収めているが、問題解決についても例外ではない。……**この問題解決のスキルの育成は、教科と総合的な学習の両方において、クロスカリキュラムによる生徒主体の活動に生徒が参加することによって行われているものである**」と高く評価されています。また、ＯＥＣＤ教育スキル局長のアンドレア・シュライヒャー氏も、２０１４年のインタビュー記事で、「学力の回復は総合学習の貢献《こうけん》が大きい」と指摘しているのです（読売新聞２０１４年7月2日付）。

しかし、日本の社会では非常に短絡《たんらく》的な見方により、しかも性急に、「ゆとり教育は失敗だった」と結論づけられてしまいました。そして、それを多くのマスメディアがこぞって取り上げたことで、子どもの親たちも、教育現場の教師たちも、そして日本全体が、「ゆとり教育」をこのまま続けていると子どもの学力が低下していき、日本の将来は大変なことになってしまうといった危機感を煽《あお》られることになったのです。

こうして、子どもにキー・コンピテンシーを育むことが期待されていた「ゆとり教育」は、方向転換を余儀《よぎ》なくされることになりました。

ゆとり教育が目指した世界標準

それにしても、「ゆとり教育」の本質とはいったい何だったのでしょうか。

「ゆとり」という名称は、従来の知識・理解の偏重であった「詰め込み教育」から方向転換を図るという意味合いを込めてつけられたものでした。しかし、これは〝知識量を減らす〟ことを目的とした「ゆとり」ではありません。「知識の詰め込み」よりもっと大事なことがある。身につけた知識を社会で活用していくことのほうが、これからの社会ではもっと大切になる――という意図での「ゆとり」だったわけです。

1996年の中央教育審議会答申では、「今後における教育の在り方」として、「ゆとり」の中で、子どもたちに「生きる力」を育んでいくことが基本としたうえで、「生きる力」として、①「自分で課題を見つけ、自ら学び、自ら考え、主体的に判断し、行動し、よりよく問題を解決する資質や能力」、②「自らを律しつつ、他人と協調し、他人を思いやる心や感動する心など豊かな人間性」、③「たくましく生きるための健康や体力」の3つの柱を挙げています。

さらに、「教育内容をその後の学習や生活に必要な最小限の基礎的・基本的内容に徹底的に厳選する」ことを掲げ、学習内容は約3割削減されました。同時に、「教育は学校教育のみにあらず」とし、「学校教育は生涯学習の基礎となる力を育成するもの」と位置づけて、完全学校週5日制を導入して、子どもが家庭や地域で広く社会体験ができる機会を増やすことを目指そうとしたのです。そして、他者と比較して競争を煽るような相対評価をやめ、絶対評価へと切り替えました。

このように、子どもが「生きる力」をつけることができ、知識の量を増やすことよりも、子どもが自ら学び、自ら考える経験を積ませることで、思考力や問題解決能力、協調性や思いやりを備えた人間に成長させることを目的としたのが「ゆとり教育」でした。

しかし、いざ蓋《ふた》を開けてみると、そうした理念に焦点が当てられることはあまりありませんでした。教科の授業時間数や学習内容が削減されたことばかりが注目され、「学力低下を招く最大の原因」というふうに、〝安直な因果《いんが》関係〟で論じられるだけでした。そして、「ゆとり」という言葉を「子どもにもっと楽をさせてあげよう」という意味とはき違えて捉え、そこから「勉強量を減らしたことで学力が低下してしまったではないか」という批判につながってしまったのです。

本来の「ゆとり教育」は、その理念や取り組み内容から見ても、キー・コンピテンシーに通ずるものといえます。日本の教育がようやく一歩、世界標準の教育に近づいたのに、そのことが日本の社会で正当に評価されなかったことは残念としか言いようがありません。
「ゆとり教育」が誤って「学力低下」と結びつけられたことで、早々に方向転換を迫《せま》られることになり、そのスタートから5年後の2007年頃から、文部科学省は、「生きる力」の三本柱としていた「確かな学力」「豊かな人間性」「健康・体力」のうち、「確かな学力」だけをクローズアップして強調するようになります。一方で、「豊かな人間性」や「健康・体力」の存在感は薄らいでいき、結局、昔ながらの〝(知識偏重型の)学力がいちばん大事〟という考え方に帰着することになってしまったのです。

2011年の学習指導要領改訂では、新たに「確かな学力を確立するために必要な授業時数の確保」が謳《うた》われ、授業時数は再び増やされました。そして、前回の改訂で、「その後の学習や生活に必要な最小限の基礎的・基本的内容に徹底的に厳選する」という考え方のもと削減された学習内容も、早々に復活させることになりました。

こうして、いったん「ゆとり教育」で前に進んだ歩みが、再び後退してしまいました。

世間の反応や外野の声に振り回されるばかりで、一貫した教育方針や教育理念を掲げることができず、たびたび迷走してしまうのは、国として教育に対する確固たる信念やビジョンがないからではないかと疑いたくなります。

この後、文部科学省は、教育において「ゆとり」という言葉をいっさい使わなくなります。社会で〝ゆとり教育＝失敗〟という認識が広がり、「学力低下」の代名詞のように扱われてしまったことから、高い志《こころざし》に起因していたはずの「ゆとり」は、表舞台には出てこなくなりました。

「ゆとり」は間違いではなかった

いま、「ゆとり教育」を受けてきた「ゆとり世代」は〝低学力の若者〟かのようなレッテルを貼られて揶揄《やゆ》され、社会に出ても、就職した会社をすぐに辞めてしまったり、周りの人に合わせて協調したがらなかったりといった傾向があると指摘され、〝使えない〟と批判されることが多いようです。しかしこれは、知識偏重型の古い教育を受けてきた人たちの価値観に当てはめた一面的な評価であって、そうした価値判断が全面的に正しいといえるかどうかはわかりません。

そんな中、最近になって、教育関係者から「『ゆとり教育』は間違いではなかった」という趣旨の発言が多く聞かれるようになりました。

「ゆとり教育」の理念は、世界で通用するキー・コンピテンシーを育むという点において正しかったといえますし、「総合的な学習の時間」の実践により、子どもたちに知識を蓄積させるだけではなく、思考力や判断力、表現力、知識や技術を生活の中で活用する力など、多様な力を育んだことに対し、一定の評価が得られています。

確かに、大学生の学力などを表面的に見れば、昔の学生と比べて知識量が減ったことは否めな

97

「生きる力」の中の「確かな学力」に重点が置かれたことを表す図

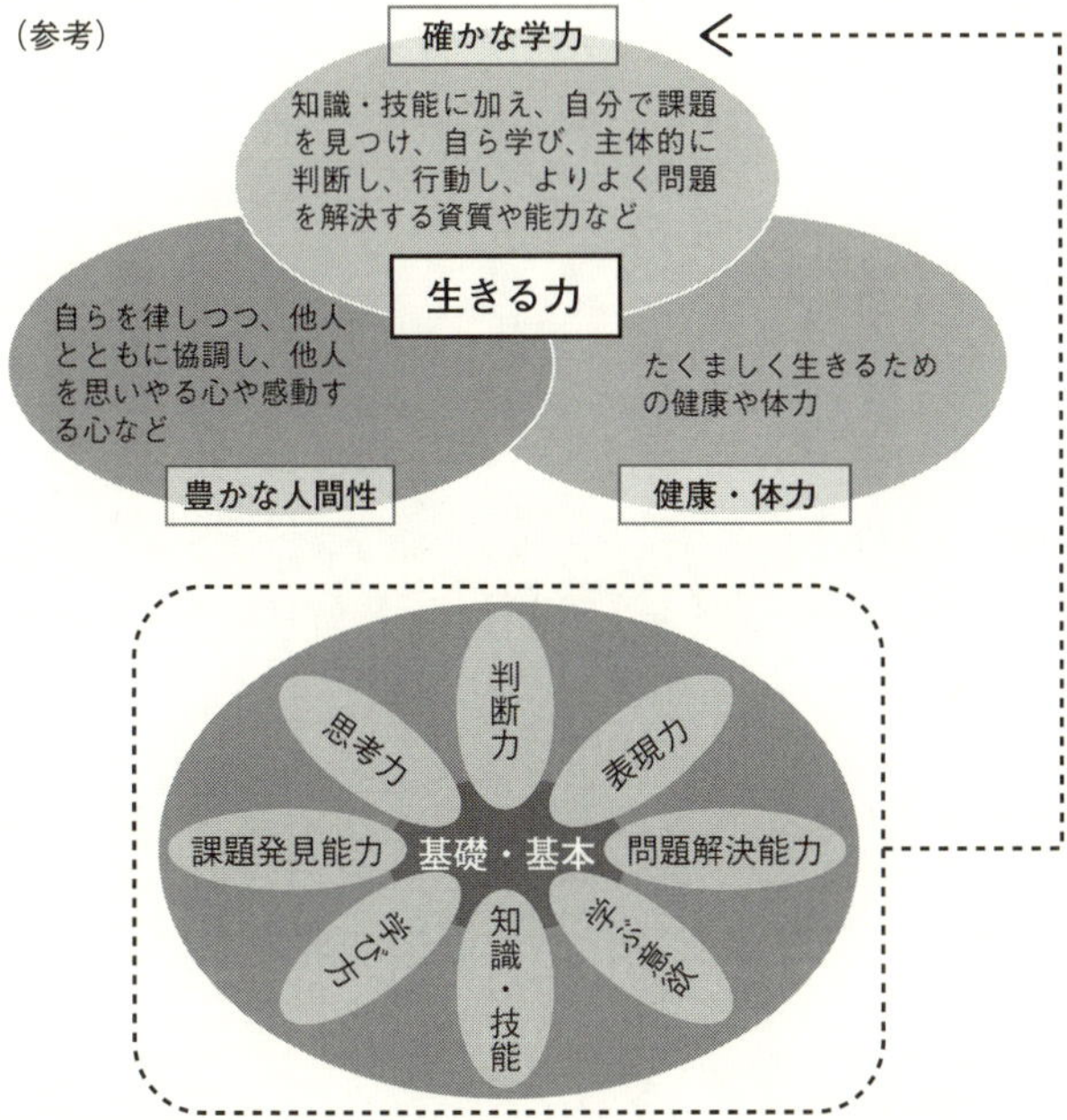

出典：文部科学省ホームページ　http://www.mext.go.jp/a_menu/shotou/gakuryoku/t_kaitei.pdf

小中学校の授業時間の推移

	1961年～	1971年～	1980年～	1992年～	2002年～	2011年～
小学校（単位時間45分）	5821	6135	5785	5785	5367	5645
中学校（単位時間50分）	3360	3535	3150	3150	2940	3045

出典：文部科学省「小・中学校の授業時数に関する基礎資料」

いでしょう。序章でも述べたように、全般的に、自立の遅れやコミュニケーションの稚拙《ちせつ》さを感じる場面があることも事実です。しかし、その一方で、私には、自ら問題意識を持ち、自分の頭で考え、自らの意志で行動する若者を目にする機会が増えた、という印象があります。

２０１１年３月の東日本大震災や２０１６年４月に起こった熊本地震などでも、多くの「ゆとり世代」の若者がボランティアに駆《か》けつける姿を目にしました。２０１５年に安全保障関連法が問題になったときには、大学生たちの団体が国会前で声を上げる光景が幾度となくテレビに映し出されました。

彼らは、「ゆとり世代」より前の若者世代と比べると総じて社会への関心が高く、声を上げたり、行動に移したりすることに対し、抵抗感が低いように思えます。近年、そのように〝自ら考え、自ら行動する〟若者が増えていると感じているのは私だけでしょうか。

世界で活躍する「ゆとり世代」

もうひとつ象徴的だと感じるのは、「ゆとり世代」のアスリートたちの活躍です。フィギュアスケートの羽生結弦《はにゅうゆづる》選手（１９９４年生まれ）、水泳の萩野公介《はぎのこうすけ》選手や瀬戸大也《せとだいや》選手（ともに１９９４年生まれ）、野球の大谷翔平《おおたにしょうへい》選手（１９９４年生まれ）、バドミントンの奥原希望《おくはらのぞみ》選手（１９９５年生まれ）、スキージャンプの髙梨沙羅《たかなしさら》選手（１９９６年生まれ）、ゴルフの松山英樹《まつやまひでき》選手（1992年生まれ）など、「ゆとり世代」で括《くく》ると、錚々《そうそう》たる顔ぶれが並びます。

私は、彼ら全員とじっくり話をしたわけではありませんが、何度かのインタビューや対談を通して、また、メディアで報道される彼らの発言やコメントなどを通じ、〃昭和時代のアスリート〃にはない特徴がある、と常々感じています。

昭和時代のスポーツ界では、何かと精神論が持ち出され、コーチが決めた練習メニューに従順に取り組み、目の前のライバルに勝つことだけが〃最終目的〃となる風潮が根強かったように思います。

しかし、ここに挙げた「ゆとり世代」のアスリートたちはまったく違います。たとえば、フィギュアスケートの羽生選手は、よく「敵は自分にある」と口にしています。

2014年、ソチオリンピックのフィギュアスケート男子シングルで金メダルを獲《と》ったときの羽生選手のコメントが印象的でした。前日のショートプログラムで史上最高点をマークし、世界選手権王者のパトリック・チャン選手（カナダ）を抑えて暫定1位の座についていた羽生選手は、フリーの演技では冒頭の4回転ジャンプでの転倒が響き、得点が伸びませんでした。羽生選手の後に出番を控えていたパトリック・チャン選手が完璧な演技を披露すれば逆転される状況でしたが、チャン選手もオリンピックの独特な空気に呑まれたのか、ミスを連発。フリーの得点でも羽生選手に及ばず、合計点で1位には届きませんでした。その結果、羽生選手の金メダルが決まったのです。

このとき、羽生選手は「結果としてすごいうれしいなと思う半面、自分の中では悔《くや》しいと思うところがあるので、金メダルを獲って言うのもなんですけど、やっぱり悔しいです」という談話を残しています。

彼のコメントの中に、ライバルのチャン選手に対する思いや評価は全く出てこないのです。これはつまり、羽生選手は自分の演技を「絶対評価」しているということだと思います。

他者と比較して「相対評価」するのではなく、自分で決めた目標があり、それに向かって努力する。そして、目標に到達できれば、心からうれしいと思えるけれど、到達できなければ、たとえ周囲が高く評価してくれても納得することはできない。まさに、〝自分自身との闘い〟を繰り広げているということではないでしょうか。

こうした羽生選手の目標や結果の捉え方、向き合う姿勢から、「絶対評価」による教育を受けてきた「ゆとり世代」独特の価値観を感じ取ることができます。

表現者としても一流のアスリート

私がある雑誌の記事で、元テニスプレーヤーでスポーツキャスターの松岡《まつおか》修造《しゅうぞう》氏と対談したとき、彼がこんな話をしていたことも印象に残っています。

「ゆとり世代は個性的な部分もいい意味で強くなってきているような気もします。（略）自分らしく、あるがままでいるというのは良いことだと思っていて。そのためには自分の思いをきちんと表現しないといけないんです。例えば羽生（結弦）さんは心の声をきちんと言語化できる。そして話しながら、自分で課題に気づいていく」（『スポーツ・グラフィック　ナンバー』900号、2016年4月28日号）

「ゆとり世代」のアスリートは、負けたときでも、率直に自分の言葉で、自分なりに分析した敗因などをしっかり述べることができます。体を動かすことが専門の彼らが、言葉というツールを使い、誰にでもわかるように的確に自分の考えを表現することができています。

もちろん、彼らは一流のアスリートとして、気持ちのコントロールの仕方やインタビューの答え方など、実技以外のスキルについても十分に指導され、トレーニングしてきているに違いありません。しかし、そうした若いアスリートの姿に、それ以前の時代のアスリートには見られなかった大きな特長を見て取っているのは私だけではないでしょう。

また、その背景として、近年のネットやスマホ、SNSの生活への浸透という社会の大きな変化を見逃すこともできません。

私たちには、第三者の目を意識して自己表現する機会が日常的に一気に増えました。その結果、どんどん自己表現に慣れ、その力が自然についてきている。この社会の変化の影響は、こと若者に著《いちじる》しく表れているといえるでしょう。それ以前に、「ゆとり教育」を受けてきて、臆《おく》することなく自分を表現すること、自分の考えや思いを自分の言葉で素直に表現することに慣れ親しんできた経験が、〝表現者〟の素地になったようにも推測できます。

「ゆとり世代」以降のアスリートに見られる、世界レベルの活躍ぶりや自己表現の巧《たく》みさは、自ら考え、自ら行動し、自ら表現するという「学び」の結実ともいえるのではないでしょうか。

継承される「ゆとり」のよい精神

文部科学省は、2016年度中に2008年以来約10年ぶりとなる学習指導要領の全面改訂を行い、2020年度から順次導入していく方針を打ち出しています。次期学習指導要領の方向性について、馳浩《はせひろし》文部科学相（当時）は、「『ゆとり教育』か『詰め込み教育』かといった、二項対立的な議論には戻らない」と宣言しました。その理由として、「『ゆとり教育』が『緩《ゆる》み教育』というふうに間違った解釈で現場に浸透してしまった。どこかで『ゆとり教育』との決別宣言を明確にしておきたいと思った」と話しています（毎日新聞2016年5月10日付）。

「ゆとり教育」は本来、画一的な知識偏重型の教育から、子ども一人ひとりの個性と自主性を重んじ、それぞれの知識や技能の協働により、問題を解決していける力をつける教育へと転換することを目指したものでした。その目標そのものは間違いではなかったのですから、いま〝反ゆと

新しい時代に必要となる資質・能力の育成に向けた教育課程の構造化（イメージ）

新しい時代に必要となる資質・能力の育成

◆自立した人間として、他者と協働しながら創造的に生きていくために必要な資質・能力

◆我が国の子供たちにとって今後重要と考えられる、何事にも主体的に取り組もうとする意欲や、多様性を尊重する態度、他者と協働するためのリーダーシップやチームワーク、コミュニケーションの能力、豊かな感性や優しさ、思いやり等

何ができるようになるか

育成すべき資質・能力を育む観点からの学習評価の充実

何を学ぶか

育成すべき資質・能力を踏まえた教科・科目等の新設や目標・内容の見直し

◆グローバル社会において不可欠な英語の能力の強化（小学校高学年での教科化等）や、我が国の伝統的な文化に関する教育の充実

◆国家・社会の責任ある形成者として、自立して生きる力の育成に向けた高等学校教育の改善等

どのように学ぶか

育成すべき資質・能力を育むため課題の発見・解決に向けた主体的・協働的な学び（「アクティブ・ラーニング」）

◆ある事柄を知っているのみならず、実社会や実生活の中で知識・技能を活用をしながら、自ら課題を発見し、主体的・協働的に探究し、成果等を表現していけるよう、学びの質や深まりを重視

出典：文部科学省「学習指導要領等の改訂に向けた検討状況について」をもとに作成

り〟を掲げて、知識偏重型の教育へと逆行させてしまってはならないという思いが、馳前文科相の言葉には反映されていると考えられます。

「ゆとり」の本質は、「授業時間数削減」や「学習内容削減」にあったのではない、ということをしっかり押さえておかなければなりません。その柱となっていたのは、知識の〝量〟を増やす教育ではなく、知識の〝活用力〟をつける教育への転換でした。そして、2020年度から導入される学習指導要領でも、その点においては変わらず、「ゆとり教育」の精神を継承して欲しいと期待しています。

文部科学省ではそのことを踏《ふ》まえ、2020年度の学習指導要領の三本柱として、「何を学ぶか」「どのように学ぶか」「何ができるようになるか」を掲げ、これらの柱に沿って「育成すべき資質・能力を育む観点からの学習評価の充実」が図れるような教育課程を組んでいくことを目指しています。

中でも注目されているのが、「どのように学ぶか」という学習方法の部分で、今回、本格的に導入されることになる「アクティブ・ラーニング」です。アクティブ・ラーニングは、教師が主導し、子どもが受け身の形で学ぶ、従来の講義型一斉授業ではなく、子どもの「主体的、対話的な学び」を主眼に置き、「深い学び」を獲得しようとする学習法です。

「アクティブ・ラーニング」の導入については、「授業内容が削減されて、また子どもが学力低下に陥るのでは」といった批判が、一部の議員や教育現場から起こっています。いまだに〝知識偏重型の教育観〟から抜け出せないでいる人々が、教育者の中にも少なからず存在していることは残念ですが、前文科相の馳氏はそうした反論に動じることなく、「知識と思考力の双方をバランスよく、確実に育む」ことが大切だとし、「(アクティブ・ラーニングの導入は)知識が生きて働くものとして習得され、必要な力が身につくことを目指すもの」であると強調しました(毎日新聞2016年5月10日付)。

アクティブ・ラーニングへの挑戦

では、「アクティブ・ラーニング」とは具体的に、どのような学習形態を指すのでしょうか。

アクティブ・ラーニングは、もともと大学の大衆化が始まったアメリカの1960年代の教育改革から生まれ、小学校のアクティブな授業風景に刺激を受けて、大学教育の分野で使われ始めた言葉です。

2012年、文部科学省中央教育審議会で、大学生が講義を〝受動的に受講する〟従来の学習形式から、学生が〝能動的に学修する〟形態に変えることで、大学教育の質的転換を図ろうとする方針が打ち出されました。教員から学生へ一方的な知識の伝達・注入が行われる授業形態を見直し、教員と学生が意思疎通を図り、一緒に切磋琢磨《せっさたくま》し、相互に刺激を与えながら知的に成長する場をつくり、学生自身が主体的に問題を発見して答えを見つけ出していく、そんな「能動的学修」が必要であるとされたのです。

この「能動的学修」こそ、アクティブ・ラーニングです。

「アクティブ」とは〝能動的〟という意味で、子どもの学び方が能動的であれば、すべて「アクティブ・ラーニング」と解釈されます。授業中に班に分かれてディスカッションをしたり、クラス全員でディベートを行ったり、調べ学習や体験学習をすることなども、すべてアクティブ・ラーニングに含まれます。

すでに多くの小中学校で、独自に研究を重ね、さまざまなアクティブ・ラーニングの手法を取り入れたプログラムを実践しています。

その具体的な手法には、たとえば、3人組のグループにおいて一人ひとりがそれぞれ違う知識や情報を持ち寄り、話し合ってグループで一つの結論を出すという「知識構成型ジグソー法」と呼ばれるものがあります。

手順としては、提示された課題について、クラス全体を3グループに分けて、各グループごとに課題解決のヒントとなる資料を受け取り、グループ内で理解を深めます。次に、それぞれのグループから一人ずつを集めた3人グループを新たにつくります。このグループでは、各自が理解を深めた知識・情報について、資料を示しながら後の2人に説明します。3人がそれぞれ持って

アクティブ・ラーニングでは学習定着率が高い

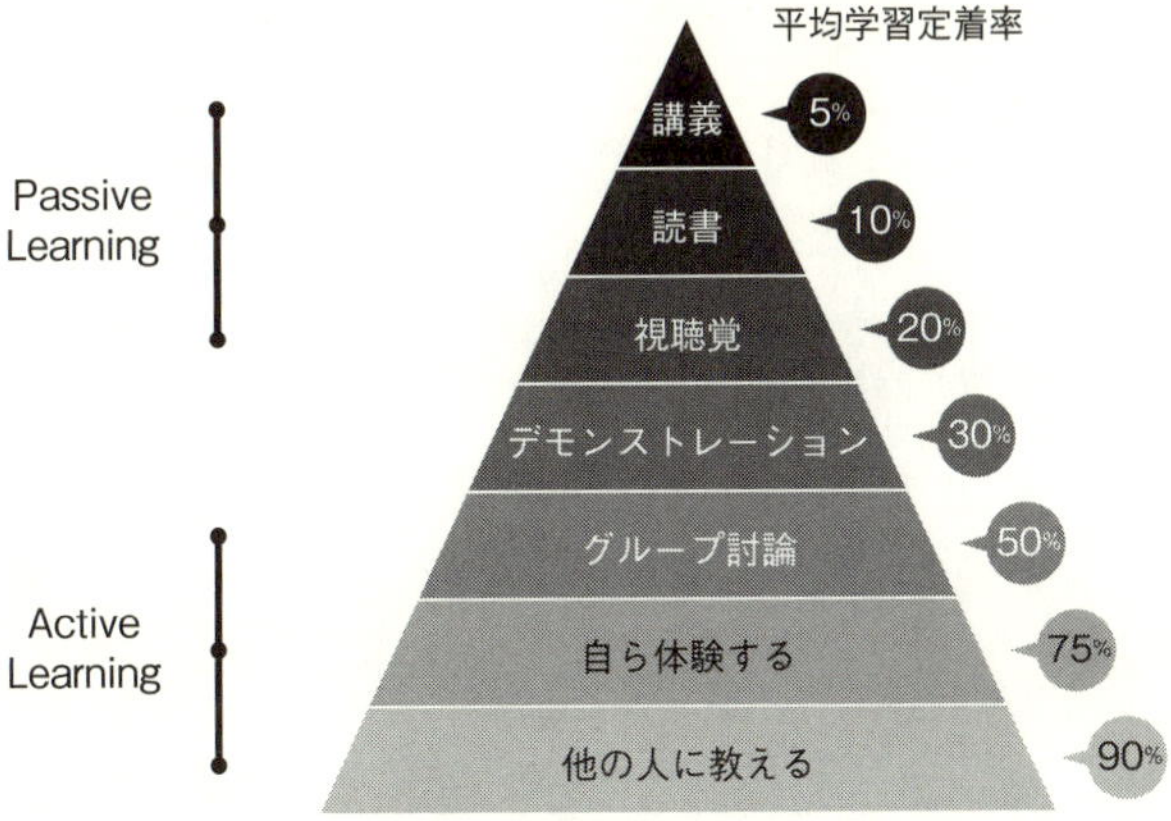

ラーニングピラミッド

出典：Learning Pyramid. National Training Laboratories Bethel, Maine

いる知識や情報を提供したうえで、話し合い、グループでの課題に対する答えを導き出すという方法です。

　また、授業の最初の短時間で教師の講義を済ませ、残りの時間を演習に充《あ》てるという手法もあります。この手法の目標は、クラス全員が演習問題を解けるようにすることです。そのため演習時間中は、子ども同士が話し合ったり、立ち歩いたりすることを自由にし、早くわかった子どもがほかの子どもを教えたり、わからない子どもが理解できている子どもに解き方を質問したりといったこともできるようにします。

　こうした子ども同士の教え合いは、教師の講義を一方的に聴いているよりも理解度が進みやすく、クラス全体のレベルの底上げにもつながることが知られています。

しかし、こういった形式的な部分ばかりが注目され、教師は〝形式〟に従って指導するよう強制されたり、〝形式〟に則《のっと》っているかどうか点検されたりするようになりました。そのため、現場からは「負担ばかり大きく、授業の質の担保《たんぽ》や環境整備が難しい」「子どもの思考にどんな変化を引き起こせたのか、見極める余裕もない」といった困惑や批判の声が上がっています。

また、「子どもの自発性が大事なんだから」と、たとえば〝机間巡視《きかんじゅんし》もしてはダメで、教室の四隅から立って眺《なが》めること〟とか、〝居眠りしている生徒がいても、教師は直接起こしたりしてはいけない〟ことになります。その結果、〝生徒同士に気づかせてやらせること〟などといった実践スタイルを指導する学校まで出てきているようです。

こうした事態を受けて、2016年8月末に公表された次期学習指導要領の審議まとめでは、「アクティブ・ラーニング」という言葉の代わりに「自己のキャリア形成につなげる〝主体的な学び〟、子ども同士の対話、教師・地域の人、先人の考え方などとの〝対話的な学び〟、思考・判断・表現を磨く〝深い学び〟」と説明され、「主体的・対話的で深い学び」というキーワードにまとめて強調されるようになりました。さらに、「形式的に対話型を取り入れた授業や特定の指導の型を目指した技術の改善にとどまるもの」ではないとの補足までつけられたのです。

アクティブ・ラーニングは学習形態、学習方法のひとつであり、その主眼はあくまで、子どもたちが主体的に学びを深めることのできる環境をつくりだすことです。学校や教師が特定の型や枠にとらわれ、それを一方的に押しつけていたのでは、子どもたちが自ら考え、自分の興味・関心に合った学びを選択することはできません。

誤解しないで欲しいのは、「子どもの主体性に委《ゆだ》ねる＝放任する」ことではない、ということです。

子どものラーニングプロセスには多様な形があります。教師の役割は、それぞれの発達段階に応じて、子どもの内面から学びたいという意欲が湧き上がり、アクティブな学びへと突き動かされるような関心と目的意識などを生み出す準備や働きかけを行うことです。けっして、〝学び方を教える〟ことではないということを肝《きも》に銘《めい》じるべきでしょう。それを実現するには、まず教師や学校、さらには保護者や地域、社会全体が、子どもの豊かな学びのために何ができるのかを主体的に考え、語り合い、協働していく必要があるように思います。

ツールとしてのＩＣＴ教育

アクティブ・ラーニング推進に伴い、政府はＩＣＴ（情報通信技術）活用にも力を入れ、２０２０年代には一人１台の情報端末を整備したいとしています。タブレットなどを活用するＩＣＴ教育は、多くの先進国がすでに本腰を入れて取り組んでいる分野であり、情報を活用する力、問題を解決する力、自立的に行動する力が身につくと期待されています。

たとえば、協働学習で、グループごとの答えを電子黒板に送信させて、ほかのグループの答えと比較したり、相互に意見交換を行ったりすることで、子どもの理解や思考が深められるとされています。こうした学習形態は、これまで日本で一般的に行われていた、教師がクラス全員に向けて講義を行う一斉授業とは異なり、子どもが自発的に考え、学ぶ機会を増やすことにつながると、好意的に受け止められています。

しかし、日本に先んじてデジタル授業の普及を推し進めてきた韓国では、早くもＩＣＴ教育の見直しの必要に迫られているという実態があります。当初、ＩＣＴ教育を導入することで、子どもの学力が向上することが期待されていたのですが、結果として、学力向上の成果が表れなかったのです。

これから本格導入を始める日本は、こうした先進国の成果や反省を参考にして、効果の高い取り組み方を十分に吟味する必要があります。最先端の機器をただ教育現場に持ち込めばいいというものではありません。〝文明の利器〟も使い方を誤ると、そのメリットを生かすことができなくなります。

韓国では、ＩＣＴの導入で、子どもたちが能動的に学ぶようになることを期待していたのですが、実際には、自力で苦労して調べずにネット上の検索機能を使ったり、自分で思考するプロセスを飛ばして楽に正解に行き着く手段に頼ったりして、「主体的に学ぶ姿勢」が失われてしまったという指摘すらあります。こうした韓国の反省もしっかり踏まえたうえで、効果的なＩＣＴ教育のあり方を探らなくてはならないでしょう。子どもが自ら進んで学べるような環境を整えることも、教育上の重要な課題だといえます。

また、情報端末を使って子どもたちが学ぶうえではリテラシー教育が不可欠です。現在は、いじめまでもがＳＮＳ（ソーシャル・ネットワーキング・サービス）を介して行われ、大人の目から見えにくい状況で重大化する事例が増えています。深刻なスマホ依存に陥《おちい》る子どもも少なくありません。その背景として、大人の側が機器の機能や使い方を把握しきれておらず、子どもたちにきちんとした指導をしていないという問題があげられます。

先進的な取り組みにばかり目を奪われて、子どもの発達の保証という観点が抜け落ちてしまうことがあってはなりません。こういった問題に対して、国がどのようにバックアップしていくのか、さらなる議論・検討が必要となるでしょう。

小学校英語の課題とは

次期学習指導要領では、アクティブ・ラーニングのほかに、英語教育の拡充が改訂の目玉のひとつになっています。

今回の改訂では、小学校における英語教育が大幅に拡充され、小学5～6年生では、現在の「外国語活動」が教科に格上げされ、授業時数も従来の週1コマから2コマに増やされることが決まっています。また、小学3～4年生も週1コマの「外国語活動」が新たに導入されることになりました。外国語の学習については、日本は海外の国々よりも大きく後《おく》れを取っており、低学年から学習し始め、授業時数を増やしていくことはグローバル化の流れから見ても、一定の妥当性はあるでしょう。

しかし、現状でも小学校の授業時数はこれ以上増やせない満杯の状況で、他教科の削減がない中、増加分の時数の確保は困難だといわれています。

国が時間確保や現場の負担軽減のための明確な方針を打ち出していないため、授業時間のやりくりは学校任せとなり、結局、土曜日や夏休み、授業前の朝の時間や昼休みの時間の一部を利用することになりそうです。そんな中で、午前中の授業を4時間から5時間へと延ばし、午後に英語の授業を15分でも組み込もうと試行している自治体もあるようです。

今改訂では、外国語の能力として「読み」「書き」「聞く」「話す」力のうち、「話す」力を「対話する力」と「発表する力」に細分化しています。今日の多文化共生社会における相互理解には、一方的に「話す」だけでなく、「対話力」（インタラクション）が不可欠だからです。しかし、報道を見ていてもその点に気づいているメディアがどのくらいあるか疑問です。こうした改訂の重点をしっかり周知しなければ、社会や現場からの理解も十分に得られないでしょう。

さらに、導入にあたっては短期間での人材育成が急務となります。クラス担任がほとんどの授業を受け持つ小学校では、英語の指導方法を身につけた教員は多くはありません。全国都道府県教育長協議会が２０１５年８月に全国の教育委員会を対象にした調査によると、採用試験で英語の筆記試験を実施するのは24県で、実施予定がないと回答した県は21県にのぼります。英会話などの実技試験も34県が予定はないと回答したそうです（日本経済新聞２０１６年9月21日付）。

たとえば韓国では、１９９７年に小学校英語教育を導入した際、小学３年生の担任予定者３２００人に対し、１２０時間の研修が行われ、海外派遣も実施するなど国主導で人材育成を後押ししました（「グローバル経営」２０１５年12月号）。文部科学省もＡＬＴ（外国語指導助手）が単独で授業をできるようにしたり、外部人材の登用を後押ししたりといった方策を打ち出してきてはいますが、いかに現場と意識や情報を共有し、連携していくことができるかが、今後の英語教育の行方を左右することになるでしょう。

道徳教科化への疑念

さらに、小中学校の道徳の授業が２０１８年度から「教科化」されようとしています。道徳はこれまで「教科外の活動」という位置づけでしたが、「教科」に格上げされることになりました。

「教科」と「教科外」の違いとは、教師が子どもを評価するかしないかの違いです。「教科」になれば、国語や算数のように、授業を通じて子どもがどれくらい成長したかを評価することになるのです。端的にいえば、通知表に道徳の欄が新しく設けられ、そこで何らかの方法で評価が記録されることになります。

「道徳教科化」の準備は着々と進んでいますが、道徳を教科にすることが本当によいのかどうかという、根本的なところに疑問を投げ掛ける人も少なくありません。子どもの人格に踏み込んで評価をすることが許されるのか。一人ひとりの子どもの「心を評価する」という難題を、学級全員分について、本当に教師が一人で負うことができるのか。そもそも、授業で学ぶことで「道徳心」が身につくものなのかどうか――。さまざまな疑念が湧いてきます。

学習指導要領で求めている「正直、誠実」「国や郷土を愛する態度」といった価値観を基準に子どもの心を評価することになれば、一人ひとりの個性が否定されるおそれがあるという指摘もあります。また、そうした基準で評価されていると子どもが知れば、自分の思いとは別に、高く評価されそうな発言や行動を戦略的にとることも考えられます。そうなれば、授業の子どもの様子だけで、その子を正当に評価することはできなくなるでしょう。道徳の授業そのものが形骸化《けいがいか》することになります。

1989年の指導要領改訂時に、日本の教育に「新学力観」（従来の知識・技能を重視する学力観ではなく、思考力や問題解決能力を重視した新しい学力観）が持ち込まれた際には、学力を「関心・意欲・態度」を重視し評価するようになりました。そのため子どもたちは、「いかに先生に〝イイ子〟であると思ってもらえるか」を考えるようになったのです。結果、目に見える形での反抗が減った代わりに、自分の本音ではなく〝他人からどう見えるか〟を気にしてふるまう、いわゆる〝イイ子症候群〟に陥る子どもが増えたように感じます。

子どもが道徳心を身につけることはとても大切です。その点に異を唱《とな》える人は誰もいません。しかし、道徳心や思いやりというものを学校の授業で教わるというスタイルが、本当に子どものためになるのか。子どもの道徳心を教員が評価することがふさわしいのか。こうした根本的な問題にも、ぜひ目を向けて、親の立場で一緒に考えてほしいと思います。

新しい入試制度はどうなる？

２０２０年度の学習指導要領改訂では、小中高校の教育が従来の知識偏重型から、思考力、判断力、表現力の育成に重きを置いたものへと転換されることに伴い、大学入学試験のあり方も変えるべきとする方針が打ち出されています。２０１５年1月に公表された「高大接続改革実行プラン」には、「重視する視点」として、「義務教育段階の取組の成果を発展させ、高等学校教育、大学教育、大学入学者選抜を通じて、『知識・技能』のみならず、『知識・技能を活用して、自ら課題を発見し、その解決に向けて探究し、成果等を表現するために必要な思考力・判断力・表現力等の能力』や主体性をもって多様な人々と協働する態度などの真の学力の育成・評価に取り組むこと」が明記されています。

そのうえで、学力の3要素（「知識・技能」「思考力・判断力・表現力」「主体性・多様性・協働性」）をはじめとして、これからの時代に求められる力を育成・評価する新テストの導入が予定されています。

新テストは、高等学校卒業段階までの基礎的な学力が身についていることを評価・判定する「高等学校基礎学力テスト」（希望参加型）と、従来のセンター試験に代わるもので、大学教育を受けるために必要な能力を把握するための「大学入学希望者学力評価テスト」（大学入学希望者対象）です（テスト名はともに仮称）。近年、大学生の基礎学力の不足、学習意欲の低下が社会問題化しており、文部科学省は、高校教育、大学教育の質の確保・質の向上を図るための教育改革と、入学者選抜の改革を一体化して行うことで成果につなげたいとしています。

そもそも、現在の初等・中等教育が知識偏重となっているのは、大学入試が〝量〟や〝速さ〟を1点刻みで評価するような出題が中心になっていることに大きな原因があります。こうした選抜の基準を変えない限り、小中高でどんなに改革を実施しようと頑張っても有効とは言い難いでしょう。

新しい2つのテストの概要
(現行学習指導要領下におけるテスト導入当初の案)

	高等学校基礎学力テスト(仮称)	大学入学希望者学力評価テスト(仮称)
目的	高校での基礎学力定着度の把握 ※2019～22年度までは入試・就職には利用しない(試行実施期)	大学教育を受けるために必要な能力の把握
対象	高校生(学校単位での参加が基本) ※個人単位での受検、生涯学習の観点から既卒業者等の受検も可能とする	大学入学希望者
実施回数・時期	学年、時期を学校において判断できる仕組み ※問題レベル、受検科目も学校において判断	年複数回実施・時期は今後検討 選択式と記述式は別日での実施も検討
測定する力	基礎的な「知識・技能」を問う問題中心	「思考力・判断力・表現力」を中心に評価
対象教科・科目	・英語(コミュニケーション英語Ⅰ)、数学(数学Ⅰ)、国語(国語総合) ・英語は4技能を測る問題構成とする ・大量の問題群から複数レベルの問題セットを用意 ・1科目50～60分を基本	・「地理歴史、公民」「数学、理科」「国語」「英語」に分けて出題内容の方向を明示 ・英語は4技能を重視して評価 ・科目数はできるだけ簡素化
解答方式	・選択式 (短文記述式を一部試行実施) ・CBT方式での実施を前提 ・IRTを導入する方向で検討	・選択式+短文記述式 ※記述式は「国語」「数学」を対象教科とする ※選択式では「連動型複数選択問題」の導入を検討 ・CBTの試行に取り組む
成績提供	・複数段階で結果提供 ・単元ごとなど分野別の結果も提供	・選択式部分の結果提供 たとえば素点だけではなく、各科目の領域・問いごとの解答状況など多様な情報を大学に提供。また、問題を「知識・技能を中心に評価」「思考力・判断力を中心に評価」するものに分けて設定し、各大学が得点比重を判断できるよう検討 ・記述式部分の結果は段階別表示

※表は2016年3月現在判明している事項をまとめたもの(高大接続システム改革会議「最終報告」より作成)
出典：河合塾 Kei-Net「大学入試情報 2020年度以降の大学入試」

オランダ在住の教育研究家であるリヒテルズ直子氏は、「日本の教育を変えるには、大学入試制度を変えることが肝心です。そうすれば、小学校から高校までの教育内容ががらりと変わるし、大学教育の内容も変わると思います。大学入試制度がある限り、親も教員も、みんな、テストで測れる能力にしか関心がなくなっているでしょう」と述べています（『いま「開国」の時、ニッポンの教育』）。

リヒテルズ直子氏は、「たかだか一枚の紙切れで測れるような能力だけを基準にして、人間を育てる教育などありえない」と指摘します。

オランダでは、高校卒業資格を取得していれば、どの大学にも入れるしくみになっているそうです。高校卒業資格は、高校在学中に評価されたテスト、読書感想文、共同研究の報告、外国語能力、ディベート力、プレゼンテーション能力などで全体の5割分の評定が決まり、残りの5割分が全国共通筆記試験の結果で評価されるのです。高校在学中に積み上げてきた成績と、筆記試験の成績の平均点を合算して、合格ラインに達していれば高校卒業資格が取得でき、しかもその資格は生涯使えるもので、いつでも、どの大学にでも入れる〝通行手形〟となるというわけです。

このように、大学受験資格を得るために、まず高校卒業資格を取得しなければならないのはオランダだけではありません。

本書で何度か取り上げているフィンランドでも、高校修了時に、高校卒業資格試験にあたる「全国統一テスト」を受験し、合格しなければ大学受験資格は得られないしくみになっています。この試験は春と秋の年2回実施され、大学入学を志望する人は、連続する3回（1年半）の試験実施期間内に必要な科目に合格しなければなりません。受験科目は必修科目である母語に加え、その他の科目から3科目選び、計4科目に合格することが求められます。

試験の実施は一日1科目に限られ、3週間の試験期間中、一日おきに実施されます。試験時間は3〜6時間（最短3時間、最長6時間使える）。試験内容は空欄を暗記した語句で埋めたり、複数の選択肢から答えを選んだりするような〝お手軽〟なものではなく、ひとつのテーマについて論述する問題ばかりが並びます。答えが論述形式になっているため、採点も○か×かの2択にはならず、ポイントが押さえられた論述になっているかなどの観点からいくつかのグレードに分けられ、複数の教師によって採点・点検されます。

フィンランドでは、一部の大学や学部を除き、「全国統一テスト」が大学入学資格試験も兼ねていて、この後、各大学が実施する個別の入試を経て、最終的な合否が決定されます。ただし、試験の難易度は相当高く、一度の試験で全科目合格することは至難《しなん》の業《わざ》といわれています。一方で、試験に一度失敗しても再試験を受けるチャンスが設けられており、次の試験シーズンに向けて勉強すれば、合格が見込めるようになっているのです。少なくとも、日本のように、たった1

日か2日の試験で合否が決まるようなことはありません。

また、フランスやドイツでは、オランダ同様、高校教育修了を証明し、大学入学資格となる国家資格を取得すれば原則無選抜で希望する大学に入れるしくみになっています。

フランスのバカロレア（国家資格取得のための試験）では、必修10科目程度＋選択2科目程度の記述式中心で出題されます。たとえば哲学の試験では、テーマを選択して4時間かけて論述します。入学後の成績管理もたいへん厳しいようです。ドイツでも、中等教育の成績と最終学年で受ける試験（記述・口述）を総合して合否が決められるため、日本よりもはるかに多面的な評価システムになっているといえるでしょう。

イギリスでは日本同様、主として科目別の共通テストを受けて大学へ出願するようですが、出願するまでがたいへんです。まず、義務教育最終学年のときに共通テストを受け、2年間の平常点（レポートや小テスト）と試験の点数の総合評価が義務教育修了の証《あかし》となります。大学入学希望者は、さらに高等教育進学準備教育課程へ進み、2年間学んだうえで、再度共通試験を受けて合格すればようやく大学に出願できる、というシステムです。

なお、日本でも話題になっている「国際バカロレア」（ＩＢ）はスイス・ジュネーブに本部がある国際バカロレア機構が提供する国際的な教育プログラムのことです。プログラムは複数ありますが、そのうちのひとつであるディプロマ・プログラム（ＤＰ）で所定のカリキュラムを履修し、一定の成績を修めると、国際的に通用する大学入学資格を取得することができます。2016年11月1日の時点で世界140以上の国・地域の3099校において実施されるなど、世界的に広がりを見せており、日本でも今後、実施校が増加していくと想定されます。

こうした国々と比較してみると、日本の大学入試がいかに〝暗記力勝負〟〝一発勝負〟であるかがわかります。自分の持っている知識だけでなく、思考力や発想力、表現力などを総動員して熟考し、何時間もかけて解く試験で問われる学力と、1科目1時間そこそこで、暗記した知識をアウトプットするだけで済む試験で問われる学力との違いは歴然としています。

実践知につながる入試制度改革を

ベネッセ教育総合研究所が全国の大学学科長を対象に行った調査（2013年実施）では、入学者（大学1年生）の学力状況、学習状況の問題について、「高校レベルや義務教育レベルの知識・理解が不足している」ケースや、「基本的な学習習慣が身についていない」ケースなどが少なからず報告されています。曲がりなりにも最高学府に籍を置くことになった学生の、このような姿は大きな問題です。

そもそも、大学で学ぶ意味とは何でしょうか。

これまでの時代と同様に、「真理の探究」は当然ですが、今日においてはさらに、「この混迷の時代をいかに自由に生き抜くのか」という課題と向き合い、確かな「実践知」を身につけることと、磨き上げることです。そのため、大学には多文化共生思想、多様な個性・多様な人格を認め合う「ダイバーシティ」がなければならないと私は考えています。

現在、多くの大学では「人権の尊重」「グローバルな多様性の受容」「学ぶ機会の保障」などを大学改革の柱に掲げ、さまざまな努力をしています。それらの新しい切り口に、学生のみなさんがいかに的確にアクセスし、どのようにアクティブに修得するのか。従来のように講義形式で知識・技能を〝覚える〟だけではなく、自ら課題を見つけ、学び、探究する姿勢が必要とされています。

情報のリサーチ・収集力とそれらを有効に読み解く「活用力」こそが求められているのです。しかも、将来のキャリアも意識して主体的、対話的に深く学ぶことができる。それこそが現代的な大学での「学ぶ意味」でもあります。

では、海外の入試制度から日本が学ぶべきことは何でしょうか。各国の入試制度に詳しい田中《たなか》義郎《よしろう》・桜美林大学教授は次のように述べています。

「『入試で測るものが、何に対応しているか』ということでしょう。学校での成功が社会での成功にどうつながるかというのは、本来かなり大きな関心事です。入試に合格したら終わりではなく、大学に入った後に充実した学生生活を送り、大学教育の価値を十分に享受《きょうじゅ》できる準備がで

学力低下が顕著な日本の大学生

入学者の学力・学習に関する意識（全体・設置者別）

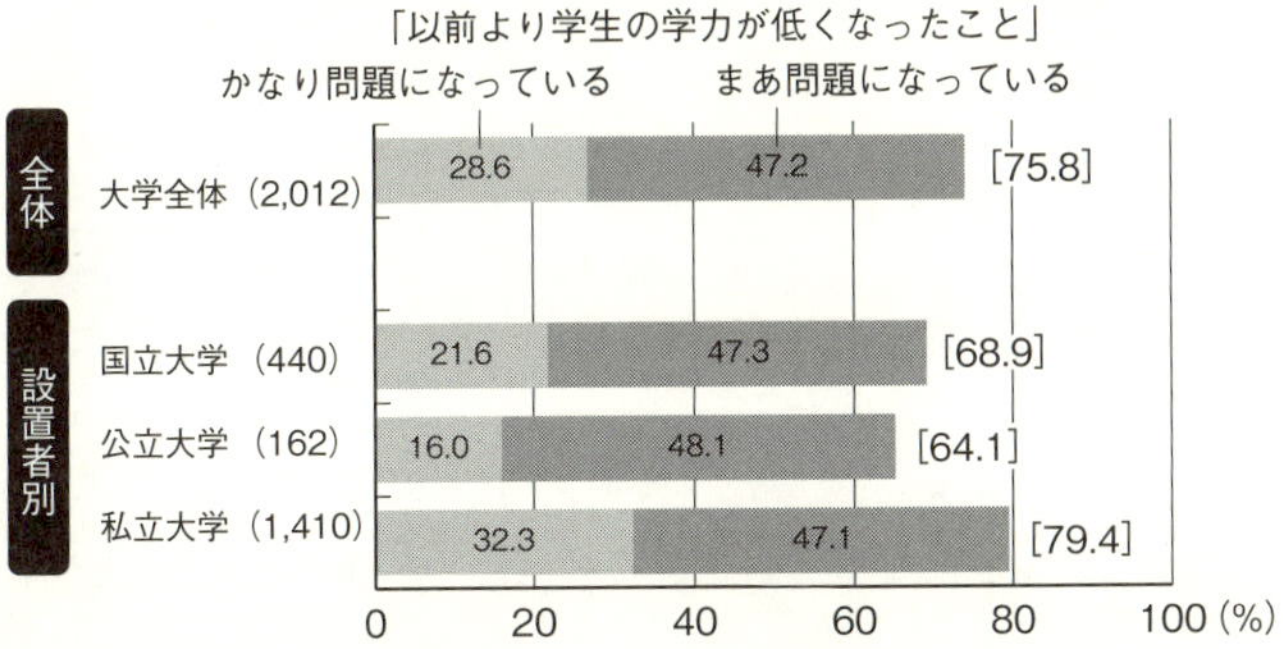

注1）選択肢は、「かなり問題になっている」「まあ問題になっている」「あまり問題になっていない」「まったく問題になっていない」の4段階。
注2）［　］内の値は、「かなり問題になっている」+「まあ問題になっている」の%。

入学者の学力・学習の状況（全体）

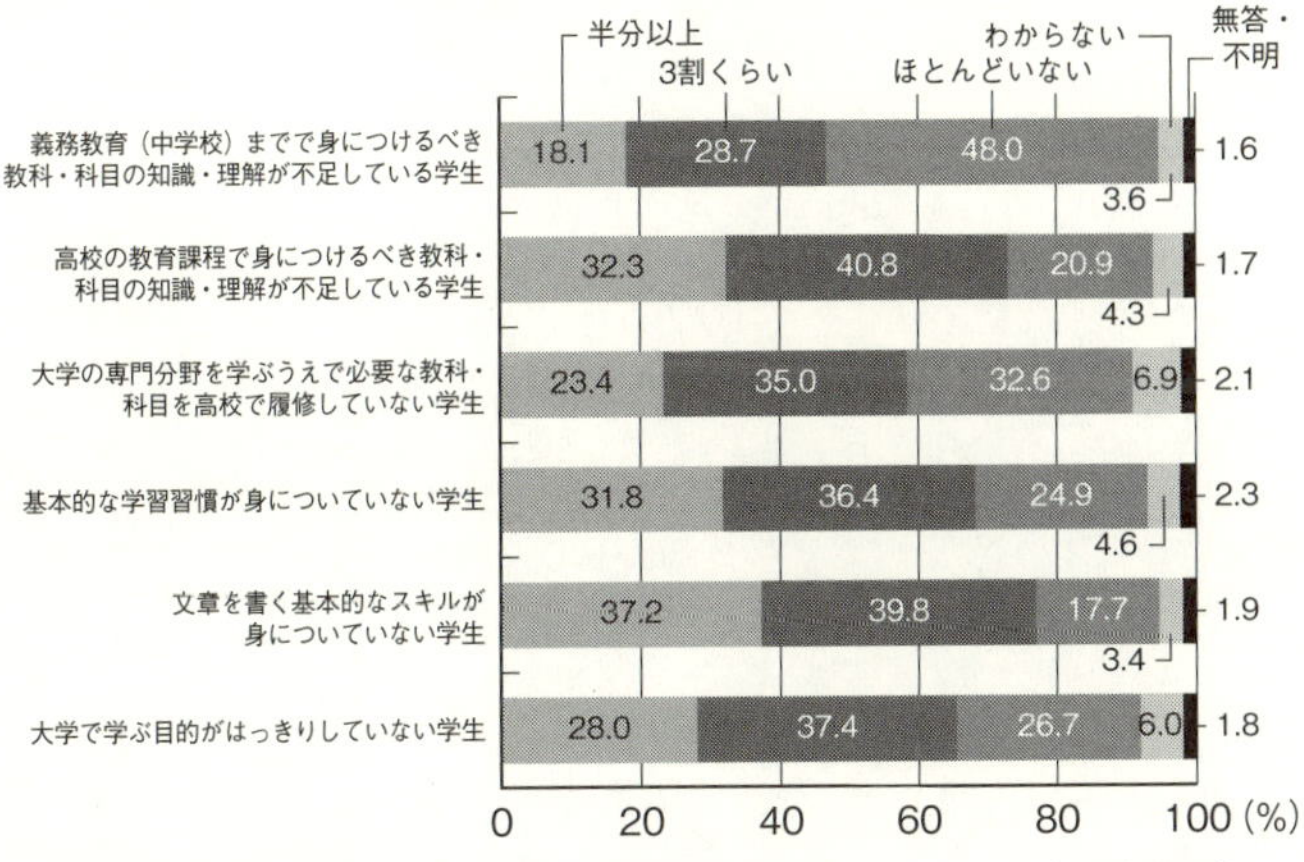

注）「半分以上」の割合は、「ほとんど全員」「7割くらい」「半分くらい」の合計の値。
出典：ベネッセ教育総合研究所「高大接続に関する調査」（2013年11～12月実施）

きているかを測ることが、入試の役割ではないか。その視点が、日本の議論の中でもっと必要だと思います」（『大学入試改革　海外と日本の現場から』読売新聞教育部、中央公論新社、２０１６年）

日本の教育が世界レベルに追いつくためにも、大学入試のしくみや大学教育のあり方の抜本的な変革が不可欠です。オランダやフィンランドのように、高校卒業レベルの学力を〝資格〟という形で保証し、また、資格を取得する側も相応の学力をつけることが必須となるような制度の検討も必要なのではないでしょうか。そうしなければ、大学生の学力も大学教育のレベルも、世界標準に追いつくどころか、ますます差が広がっていってしまうことになりかねません。

日本でいきなり入試制度をやめるというわけにはいきませんが、「入り口」重視から「出口」重視へと移行していくこと、また、入学試験や卒業資格試験で評価する学力は、知識の量やアウトプットの速度よりも、知識を活用する力や思考力・論理力・表現力のほうにシフトさせていくなど、試験内容や評価法の改革を行っていくことも、今後の大きな課題だといえます。

共通課題の多い韓国

そのうえで参考になるのが韓国の取り組みです。ＰＩＳＡ調査でも最近日本を上回る好成績を収めている韓国ですが、日本以上の学歴社会で、受験競争の激化が問題視されています。受験生を会場に送り届けるためにパトカーが出動するなど、その過熱ぶりを報道で目にしたことがある方も多いのではないでしょうか。

70ページ上段に掲載した高等教育費負担に関する各国比較の表からは、韓国では、日本よりも教育における私費負担が大きいことがわかります。韓国では受験ビジネスが非常に盛んで、予備校への支払いが家計に与える負担も大きいといえます。受験や就職に有利になるよう、子どもの留学に母親をついて行かせて、父親だけ韓国に残って学費を稼ぐ家庭まであるというのです。私教育への依存が、経済格差や少子化加速につながっていくという構図は、日本とも共通する部分があるでしょう。

韓国では、以前は多くの大学が「修能試験」と呼ばれる共通テスト（日本のセンター試験に当たる）の成績で合否判定をしていましたが、このような状況を受け、１９９６年からＡＯ型入試を推進してきました。いまは公立・私立、いずれも大学ごとの個別試験で筆記試験を課すことが法的に禁止され、基本的には書類選考と面接や小論文などの論述のみとなっています。

選考の際重視されるのは受験生の「潜在力」です。受験生が成長してきた教育環境も考慮したうえで、より多面的な基準でそれぞれの適性や素質を判断するといいます。

日本でも、私立大学を中心にＡＯ型入試が実施されていますが、一部では学力試験も高校の成績評価も行わずに選抜し、入学後に学生が苦労するというケースも少なくないようです。また、日本では入試業務の大半を教員が担《にな》っており、現場の負担感の大きさから改革が進まない側面があります。これに対し、韓国では、入試査定官と呼ばれる専門のスタッフが各大学に配置され、高校の情報収集、提出書類の事実確認、面接などの選考、入学後の学生支援といった業務を担っているようです。査定官制度を導入した大学には教育省から補助金も出ます。

こういった先駆的な取り組みが行われる一方で、いまだに高学歴を重視する社会的風潮が根強く、個別入試を禁止すれば面接や論述などの対応策を教える塾が登場し、私教育の過熱を懸念する政府がまた新たな規制を設ける……というように、いたちごっこが続いているのも実情のようです。それでも韓国政府が国を挙げて入試改革を推し進めようとしているのは、1点刻みの知識量を問う選抜では、もはやこれからの社会に必要な学力を持つ人材を見抜くことはできない、という認識と強い危機感が根底にあるからなのでしょう。

個々の改革の内容については長期的に効果を検証する必要がありますが、日本の大学入試改革に先んじる取り組みが多く、課題も共通しているだけに、その問題意識には学ぶところが大きいのではないでしょうか。日本でも、多様な人材確保のため東大や京大がAO型試験を導入したことが話題になりましたが、こうした他国の試行錯誤《しこうさくご》も参考に、一面的な尺度では測ることのできない「学びの質」をどのように見極め評価するのか、模索していく必要があると思います。

〝学び直し〟ができる教育環境を

私たちは、「教育」というと、子どもが学校で学ぶことを想像し、教育問題は子どもの問題と思いがちです。しかし本来、教育とは子どもだけのものではありません。

欧米では一度職に就《つ》いた人が社会経験を重ねた後に大学に入学したり、ある大学を卒業した人が別の大学や学部に入り直して、別分野の研究に携わったりすることが一般的となっています。本人に学ぶ意欲があれば、人生の途上でいつでも学ぶことができるのです。

むしろ、日本の大学のように、キャンパス内がほぼ18〜22歳の同年代で構成された集団だというのは珍しいといえます。ＯＥＣＤの調査を見ても、日本の30歳以上の通学者の割合は、各国と比べて極端に低いことがわかります（１２９ページ参照）。

全員が横並びで一斉に入学し、一斉に卒業していく様は、海外の人の目には異様に映るようです。逆に、日本人が海外の大学に行ってみると、キャンパス内をさまざまな年代の学生たちが行き来している光景に驚かされます。

日本では、18〜22歳の〝適齢期〟を逃すと、再び大学で学ぶチャンスなどそう簡単にはめぐってきません。

まず、大学の学費が高いため、十分な蓄《たくわ》えがなければ学ぶ機会を得ることすらできないでしょう。たとえ蓄えがあったとしても、いったん就職し、勤めを始めたら、学業を理由に休職するのは困難です。日本の企業は、社員が家庭や学業、趣味など仕事以外のことに時間や労力を費やすことに寛容ではありません。人生の最優先事項が「仕事」であり、生活時間や心身のエネルギーをより多く会社に捧げる社員が高く評価され、そういう姿勢を持てない人は冷遇される傾向にあります。

だからといって、学業のために思い切って退職すれば、経済的なリスクが高まります。一時的に学業に勤《いそ》しみ、一段落したところで「復職を」と思っても、元の職場が受け入れてくれるケースはまれであるうえに、求職活動を始めても退職・休職経験のある求職者は採用されにくいという厳しい現実が待っています。

しかし、こんなふうに国民から〝学ぶ機会〟をことごとく奪っている国というのは、実はそれほど多くはありません。

たとえば、前述のオランダは「高校卒業資格」を取得していれば、何歳になっても大学に入学することができます。大学授業料は無償ではありませんが、給付型の奨学金が充実しているため、高い学費を工面する必要はありません。さらに、オランダはワークシェアリングの先進国ですから、働きながら学業に充てる時間を比較的容易につくることが可能です。

ヨーロッパでは大学授業料が無償の国も多いですし、有償の国でも給付型奨学金制度を利用す

30歳以上の成人の通学率

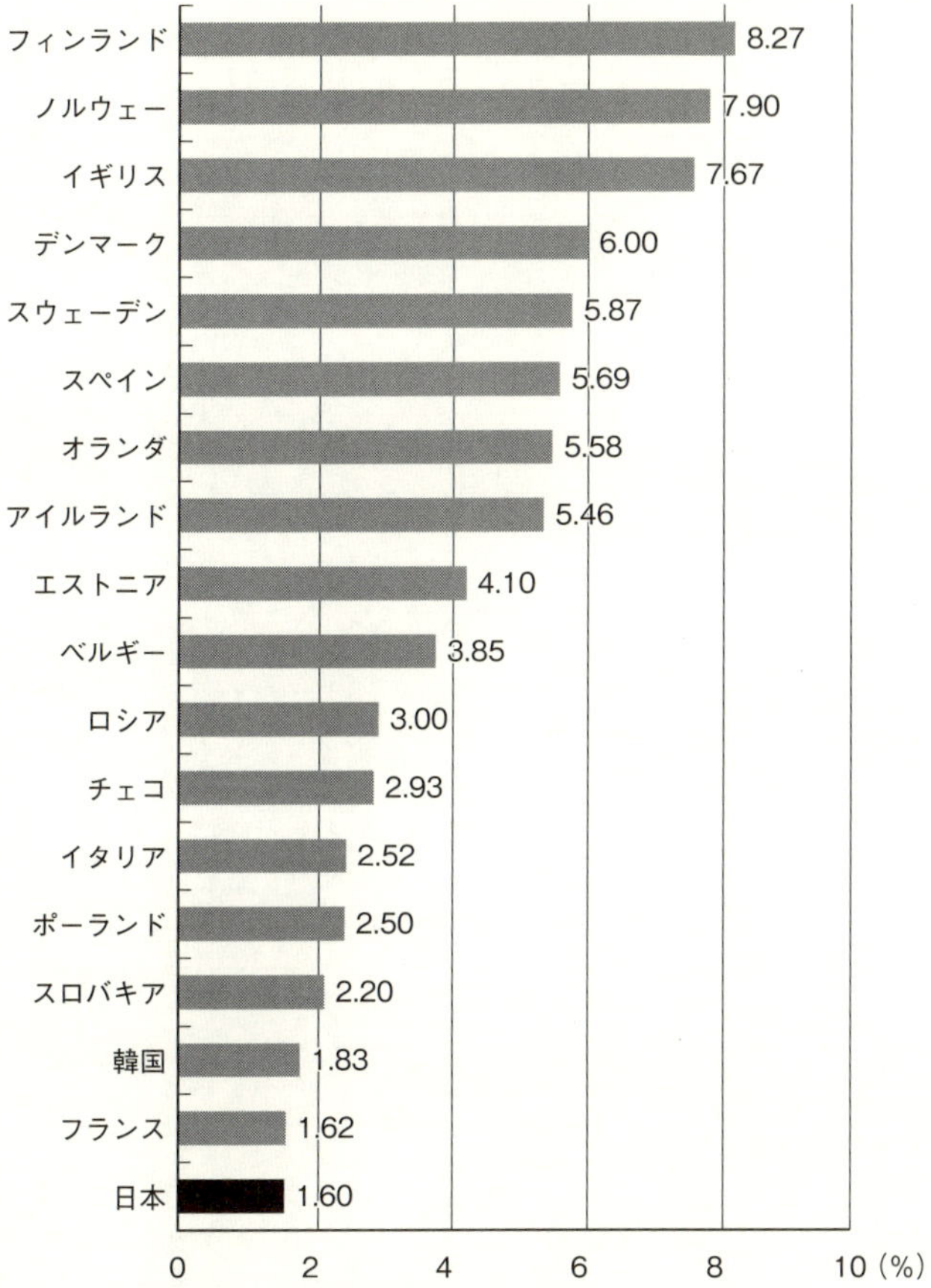

＊無回答・無効回答は除外して割合を計算。
＊OECD「PIAAC 2012」のデータより舞田敏彦氏作成。

出典：『ニューズウィーク日本版』オフィシャルサイト（2015年8月4日）、舞田敏彦「日本の成人の『生涯学習』率は先進国で最低」

OECD加盟34ヵ国の大学授業料無償化、給付制奨学金の有無

	授業料無償化	給付制奨学金
スウェーデン	○	○
ノルウェー	○	○
フィンランド	○	○
ハンガリー	○	○
フランス	○	○
ポーランド	○	○
スロベニア	○	○
オーストリア	○	○
ドイツ	○	○
エストニア	○	○
デンマーク	○	○
ギリシャ	○	○
チェコ	○	○
アイルランド	○	○
スロバキア	○	○
ルクセンブルク	○	○
アイスランド	○	×
オランダ	×	○
アメリカ	×	○
イギリス	×	○
スペイン	×	○
ニュージーランド	×	○
ベルギー	×	○
ポルトガル	×	○
イスラエル	×	○
チリ	×	○
スイス	×	○
オーストラリア	×	○
カナダ	×	○
トルコ	×	○
メキシコ	×	○
イタリア	×	○
韓国	×	○
日本	×	×

注）授業料無償化の「○」は授業料無、「×」は授業料有。奨学金の「○」は給付制奨学金あり、「×」はなし。
出典：宮本岳志（日本共産党）作成（2014年2月17日衆院予算委員会の質疑にて使用）

れば学費の心配はあまりありません。中でも、フィンランドやスウェーデンなど北欧の国々では、「生涯学習」を国の重要な政策と位置づけており、社会に出て仕事を持った後の〝学び直し〟の機会を積極的に提供しているのです。

大人こそ学べる社会が必要

1980年代後半から1990年代にかけて、世界が重工業を中心とした産業社会から「ポスト産業社会」へと移行した時期に、北欧の国々は経済不振に陥った企業を救済することより、新しい情報化産業の受け入れを重視しました。旧産業の企業経営が傾き、失業者が街に溢《あふ》れたとき、十分な失業手当を与え、失業中に学校で学び直すことで、新たな資格や能力を身につけ、新しい職業を担える人材を育成することに力を入れたのです。

言い換えると、国は企業や経済界に投資したのではなく、人に投資したということです。これからの「知識基盤社会」を担う知的産業を支えるための「知的労働」「知的人材」の養成に、国を挙げて取り組んだのです。

1960年代から、国民が生涯学び続けることを重要視し、「誰もがそのライフステージに応じて労働から学びの場へ回帰、循環できる社会」を目指してきたスウェーデンでは、「リカレント教育」(recurrent＝回帰)を政策として掲げました。その政策はいまなお継続されています。

そして、この理念が制度化されたものとして、「25－4制度」と「教育休暇法」があります。

「25－4制度」は、社会人の大学入学条件に関する制度で、「25歳以上で労働経験が4年以上、後期中等教育（日本の高等学校教育）程度の国語と英語、専門分野の知識があれば大学入学が許可される」という制度です。1977年から施行されており、各大学の定員の50％をこの制度の条件を満たす者に割り当てることが定められています。

また、「教育休暇法」は1974年に制定された法律で、同一雇用者のもとで勤続6ヵ月、過去2年間に12ヵ月以上就労している被雇用者が教育を受けることを希望した場合、仕事を離れて勉強のために必要な休暇を取得する権利を保障する内容となっています。この法律では、休暇をとった人の復職も保障しており、本人が復職を希望したときは、雇用者には2週間以内に前職と同等のポジションを用意する義務があります。なお、教育期間中の生活費は、政府の教育ローンによって保障されるしくみになっています。こうして、仕事を一時的に辞めた人が経済的な不安もなく、勉学に勤しむことができる環境が整っているのです。

スウェーデンでは、「学習、休暇、育児」などを「労働」と同等に扱い、人は労働しているだけではダメで、学習したり、休暇をとったり、育児に関わったりしなければならないという考え方が〝常識〟となっています。

経済学者で東京大学名誉教授の神野直彦《じんのなおひこ》氏は、「知識社会の根本になるのはいわゆる学校教育

OECD国際成人力調査（PIAAC）（参加国24ヵ国・地域）

順位	読解力	平均点	数的思考力	平均点	ITを活用した問題解決能力上位レベルの成人の割合(%)	
1	日本	296	日本	288	スウェーデン	44
2	フィンランド	288	フィンランド	282	フィンランド	42
3	オランダ	284	ベルギー	280	オランダ	42
4	オーストラリア	280	オランダ	280	ノルウェー	41
5	スウェーデン	279	スウェーデン	279	デンマーク	39
6	ノルウェー	278	ノルウェー	278	オーストラリア	38
7	エストニア	276	デンマーク	278	カナダ	37
8	ベルギー	275	スロバキア	276	ドイツ	36
9	チェコ	274	チェコ	276	イギリス	35
10	スロバキア	274	オーストリア	275	日本	35
11	カナダ	273	エストニア	273	ベルギー	35
12	韓国	273	ドイツ	272	チェコ	33
13	イギリス	272	オーストラリア	268	オーストリア	33
14	デンマーク	271	カナダ	265	アメリカ	31

出典：Antra Carlsen 2013, PIAAC—What does that mean for adult learning? /国立教育政策研究所「ＯＥＣＤ国際成人力調査 調査結果の概要」(2013)

だけでなく、社会に出た後でも必要に応じて学び足したり、職業的に新たな技術や知識を得たりするための成人教育」とし、「（スウェーデンでは）生涯にわたって教育や医療、福祉といった公的サービスを行う地方自治と財政のシステムが整っている」と評価しています（「日経ビジネスオンライン」２００９年3月27日、「教育改革で『知識社会』へ転換」〈スウェーデンの生涯学習（前編）〉若井浩子）。

人は成人後も成長し続ける

スウェーデンをはじめとする北欧の国々では、子どもに対する教育だけでなく、大人を対象とした「生涯学習」「成人教育」を重視した政策をとり続けてきました。その成果はＯＥＣＤの「国際成人力調査（ＰＩＡＡＣ）」でも明らかになっています。ＰＩＡＡＣとは、各国の成人のスキル状況を把握する目的で、16〜65歳を対象に実施されているものです。

２０１３年に公表された結果では、「読解力」「数的思考力」「ＩＴを活用した問題解決能力」のすべての分野において、北欧諸国が上位を占めました。このときは日本も優秀な成績をマークしましたが（「読解力」「数的思考力」とも１位）、「ＩＴを活用した問題解決能力」では成績が振るいませんでした。全分野において好成績を収めた北欧の大人たちのスキルの高さが世界から注目され、これを機に、ヨーロッパのほとんどの国が生涯学習の推進に力を入れ始めています。

日本では、「生涯学習」というと、いまだに仕事の第一線から離れた定年退職者か時間と経済力に余裕のある人たちが、趣味を高じさせたり、教養を深めたりするためにカルチャースクールに通うことなどを連想する人が少なくありません。そのような私たちが、にわかにスウェーデンのような教育観を持つことは困難かもしれませんが、ヨーロッパではそうした「生涯学習」が当然のように行われているということを知っておく必要はあるでしょう。

誰もが生涯学び続けることを保障されている国では、人々は大人になってからも、学力を高め、知性を豊かにして成長し続けているのです。

学ぶことを20歳前後で早々にやめてしまう私たちは、これからのグローバル社会で、そうして生涯にわたって、知識やスキルを高めていく人たちと経済競争でしのぎを削ったり、また、よりよい社会の構築のために協働したりしなければなりません。そのとき、私たちが彼らと互角に意見を交わすことができるのか、あるいはキー・コンピテンシーを備えた豊かな人物として対等に認めてもらえるのか。そうしたことが否応なく、鋭《するど》く問われてくることになるでしょう。

たとえ一定期間、仕事の第一線から離れるとしても、新しい知識や技術を学ぶ機会を得ることができ、再び人生を切り拓くことができる社会は、私たち一人ひとりにとっても望ましい理想的な社会といえます。生涯にわたって新しい知識や技能を身につけ、実社会にその一員として参加し続けることができるという喜び。そこに本当の豊かさ、本当の幸せがあります。

ひとたび職を失うと、転職が難しく、人生のやり直しがきかない国が、今後、〝大人も学べる社会〞となれるかどうか。それ如何《いかん》によって、日本の将来が大きく発展するか、世界の教育先進国の間に埋《うず》もれてしまうかが決まるのではないでしょうか。

第４章　「学びの場」はどうあるべきか

改革の成否のカギを握る教師力

日本の教育改革の成否のカギを握っているのは、教育現場において、日々子どもたちと対峙《たいじ》している教師一人ひとりにほかならないと私は考えています。しかし、それだけ期待され、重責を担《にな》っているはずの教師たちの中で、昨今、「このまま子どもの教育を任せて大丈夫だろうか」と心配になるようなさまざまな問題が起こっています。

2014年度の教職員のうつ病などの精神疾患による病気休職者数（公立学校）は、全国で5045人に上り、2007年以降、5000人前後で高止まり状態が続いています。

同年度にわいせつ行為やセクシュアルハラスメントで処分された公立学校の教員は、過去最多の2013年度と同数の205人を数えました。また、体罰で処分を受けた公立学校の教員数は952人で、大阪市立桜宮高校の体罰自殺問題（2012年）を受けて、報告数が急増した2012年度（2253人）、2013年度（3953人）には及ばなかったものの、依然として、教師による子どもへの体罰が横行している実態を物語っています。

子どもと向き合えない教師たち

個人的には、こうした数字には表れない、別の問題も気になっています。たとえば、第2章で

精神疾患で休職した公立学校の教員数

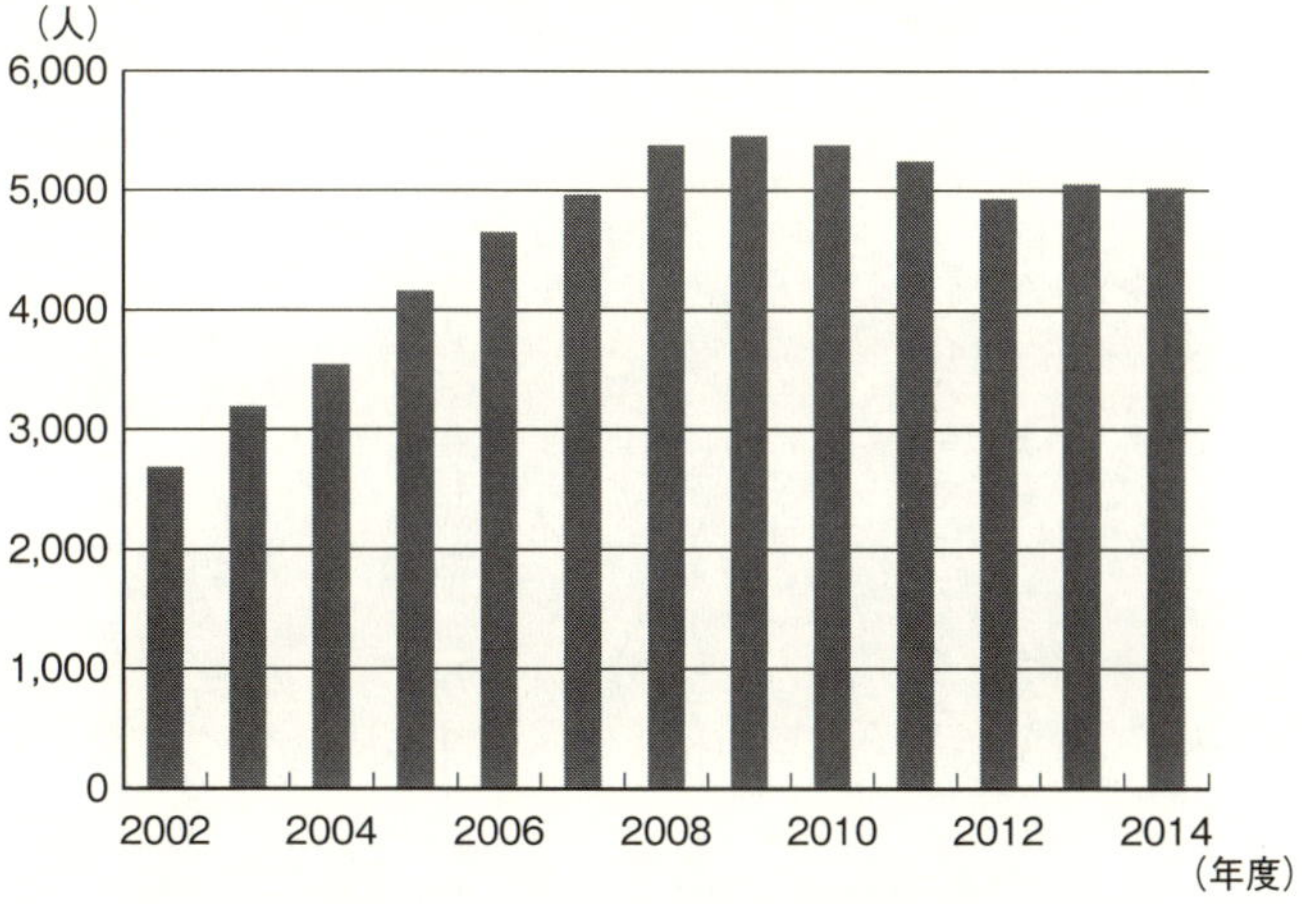

出典：文部科学省「平成26年度公立学校教職員の人事行政状況調査について」

体罰で処分を受けた教員数の推移

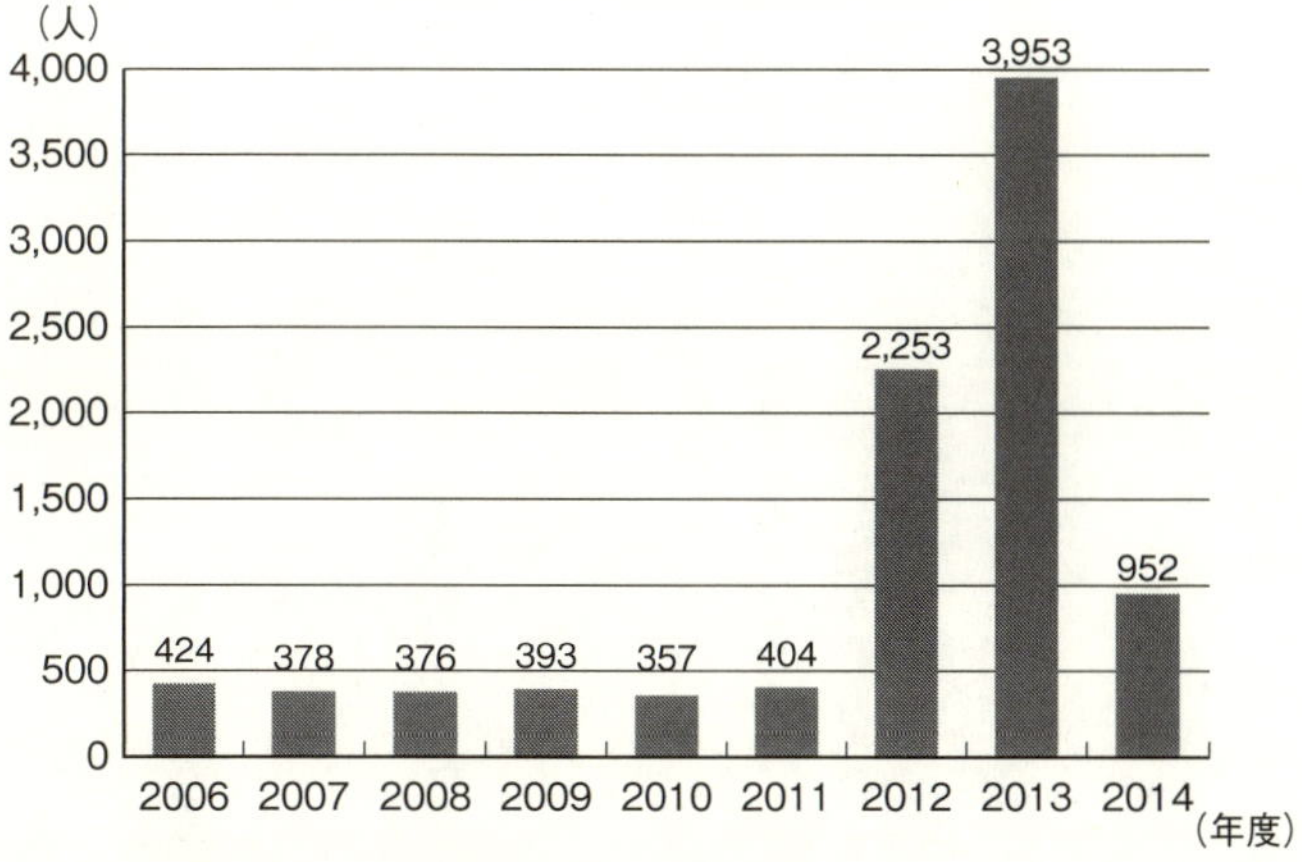

出典：文部科学省「公立学校教職員の人事行政状況調査」

触れた、2015年12月に教師の誤った進路指導が原因で自殺してしまった、広島県の公立中学3年生の男子生徒の問題です。男子生徒は、別の生徒の万引きの記録を誤ってつけられており、そのことを担任教師から「(1年のときに)万引きがありますね」と指摘されたものの、その場で否定することができず、志望校の受験が難しくなってしまったことを苦に自殺したものと見られています。

指導の過程における担任教師の男子生徒に対する接し方は、教師としての資質を疑わざるをえないものでした。

私自身も中学校の教師をしていたので、「もし自分だったらどんなふうに生徒に話しただろうか」と想像してみたのですが、少なくとも第一声が「万引きがありますね」という言葉にはならなかっただろうと思うのです。この教師は、男子生徒が2年生のときに赴任《ふにん》してきたので、1年生のときのことは知らなかったようです。しかし、彼は成績優秀で(成績優秀だから万引きをするはずがないということではありませんが)、とくに問題行動もなかったそうですから、万引きの記録を見つけたら、まずは「この生徒が本当にこんなことをしたのかな」と疑問に思うのが自然ではないでしょうか。

そうすると、「万引きがありますね」というふうに決めつけた言い方ではなく、「万引きがあったって書いてあるけど、本当?」と真偽を尋ねる聞き方になるのではないでしょうか。もしかしたら、何かの事情で一時的に精神的に不安定になってしまい、そんなことをしてしまったのかもしれない。そういう気持ちで、「本当なの？」と聞くのが自然ではないでしょうか。

しかも、このやりとりをしたのが、廊下での立ち話だったという点も気になります。生徒の進路を決める大事な進路指導を、人が行き来する廊下で、ちょっとした連絡事項を伝達でもするかのような形で行うでしょうか。普通ならば考えられません。

この教師は、男子生徒ときちんと向き合っていたのだろうか、彼の進路を親身になって考えていたのだろうか――いろいろな点が引っかかるのです。

少なくとも、この男子生徒と信頼関係を築けていたとはいえないでしょう。もし両者の間に信頼関係があれば、「万引きがありますね」と言われた男子生徒は、「え？　ないですよ。先生、何かの間違いじゃないですか？」と素直に言い返すことができたと思うのです。

あるいはその場で明確に否定はできなかったとしても、戸惑いや疑念などを何らかの形で表現したり、発信したりはできたのではないでしょうか。そうすることができなかったということは、教師と生徒との間に〝心の距離〟が相当あったであろうことが想像できます。

「事実は違う。そうではないけれど、この先生に何を言ってもしようがない。信じてもらえないなら、言わないほうがましだ……」

男子生徒はそんな思いでいたのかもしれません。そうだとすれば、非常に悲しいことですし、残念でなりません。

そのほかにも、2015年7月に岩手県で中学2年生の男子が電車に飛び込んで自殺した事件がありました。被害生徒と担任の生活記録ノートのやりとりには、被害生徒からの心の叫びととれるSOSメッセージを担任が全く受け止めることができていない様子が露《あらわ》になっており、世間に大きな衝撃を与えました。

その生活記録ノートには、悪口や暴力などのいじめを受けているとの被害生徒による記述が数回ありました。

担任らは、生徒をめぐるトラブル自体は把握しており、指導も行っていたといいます。被害生徒は生活記録ノートの6月28日の欄に「氏（死）んでいいですか?・」、29日には「もう市（死）ぬ場所はきまってるんですけどねw」と自殺をほのめかす記述をしていました。にもかかわらず、担任は29日の返信欄に「明日からの研修たのしみましょうね」との的外れな返答を記すなど、男子生徒からの必死のSOSに対し、驚くほど危機感の欠けた言葉を返していたのです。

そして、「いじめ」としての認知に至ることなく、適切な対処をとらなかった結果、悲劇が起きました。7月26日に学校が公表した調査報告書では、教職員の危機意識の欠如が指摘されています。

最近、このように、教師が子どもをしっかり見ていないのではないか、子どもと向き合おうとしていないのではないか、と思わせられる出来事が増えているように感じます。いじめによる自殺などの事件を見ても、子どもの表情や態度の変化にまるで気づかない、〝鈍感〟な教師の態度に腹立たしく思うことさえあります。

教師の顔が子どものほうに向けられていないとすれば、その教師は、いったいどこを見ているのでしょうか。そこが気がかりで仕方ありません。

忙しすぎて指導できない本末転倒

教師がなぜ、子どもと向き合えなくなるのか——。

その原因を知る手がかりとなるデータがあります。

OECDが学校の学習環境と教員の勤務環境に焦点を当てて実施している国際調査、「OECD国際教員指導環境調査」（TALIS）の2013年の調査結果で、日本の中学校教員の勤務時間が諸外国と比べて格段に長いことがわかりました。日本の教員の週当たりの平均勤務時間は53・9時間で、調査参加国平均の38・3時間を大きく上回っています。

その一方で、生徒指導（授業）に充《あ》てた時間は17・7時間となっており、参加国平均の19・3時間を下回っているのです。また、日本の場合は、事務業務や部活動などの課外活動の指導に充てる時間が他国と比べて長くなっていることがわかります。

日本の場合、教員に限らず、すべての労働者の労働時間が他の国々と比較して長いという特徴があります。ですから、教員の勤務時間が長いというだけで〝問題あり〟と決めつけることはできません。しかし、教師の〝本分〟ともいえる「子どもの指導（授業）」に充てる時間数が少ないという実態を見過ごすわけにはいきません。

ＴＡＬＩＳの調査は中学校教員を対象に行ったものであり、中学生の学校生活時間の中に占める部活動時間の割合がきわめて大きいという日本特有の事情から、「課外活動」の指導に使う時間がＯＥＣＤ平均の週当たり2・1時間と比べて7・7時間と突出して長くなっている結果は理解できます。中学校生活における部活動の位置づけについては昨今さまざまな議論がなされ、教員自らが署名活動などに立ち上がるという動きもありますが、本題から逸《そ》れますので、ここではその是非には言及しないことにします。

もうひとつ気になるのは、日本の教師が事務業務に携《たずさ》わっている時間が非常に長いという点です。事務業務という、子どもと直接対峙しない仕事に多くの時間が割《さ》かれていることが、教師と子どもとの間に〝距離〟をつくる一因となっている可能性があります。

たとえば、公立中学校の教師の場合、授業や授業の準備、学級運営のほかに、さまざまな業務をこなさなければなりません。

学校の中には多種多様な仕事があり、それらは役割ごとに業務分担されています。教務・運

教員の仕事時間の国際比較（週）

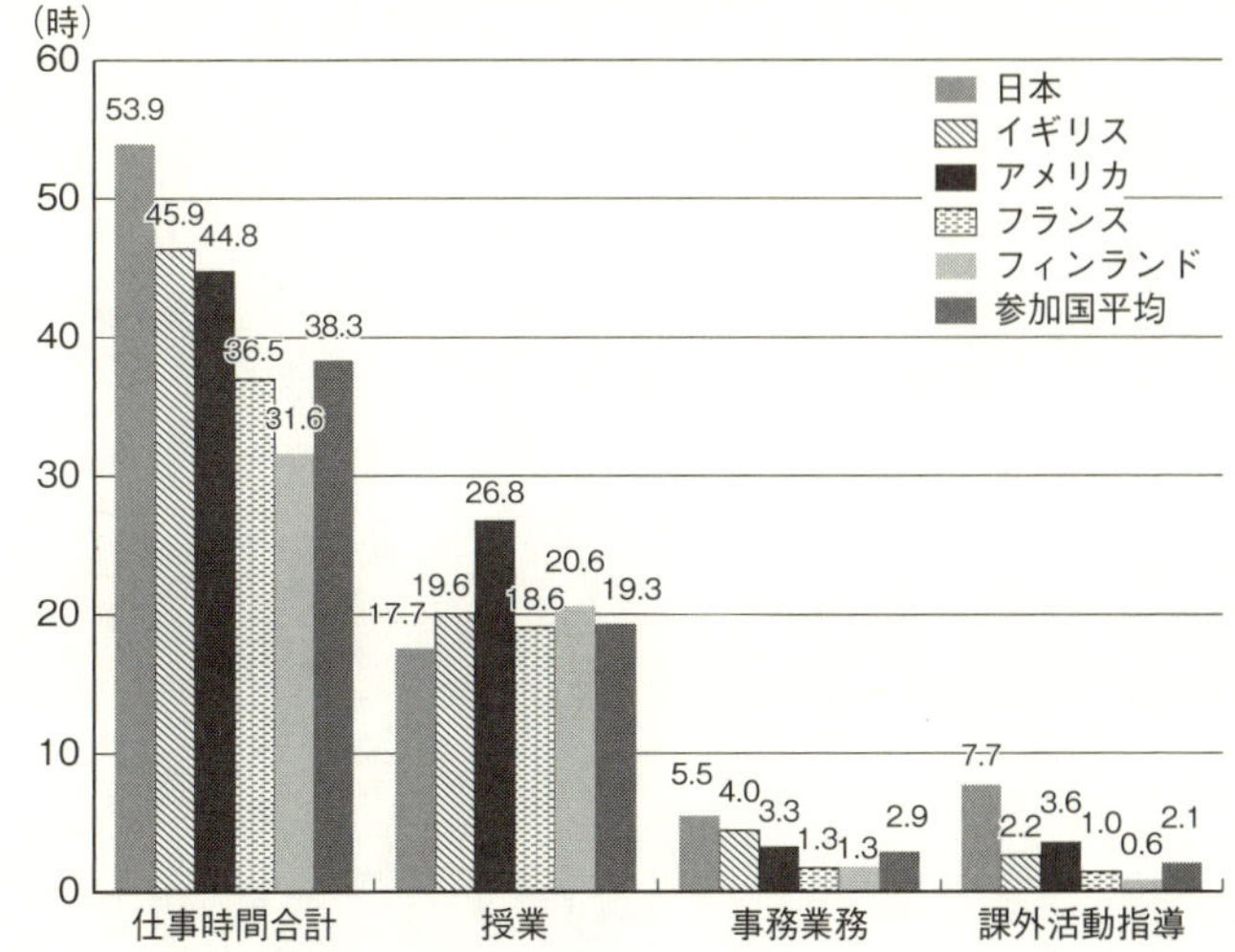

出典：OECD国際教員指導環境調査（TALIS）2013年

営、生徒指導、研究推進、行事・各教科の委員会など十数種類にも上るため、各教員は複数の業務を兼任しなければなりません。そのほか、校外パトロールやPTAの委員会担当、地域の町会担当、教科会等々、生徒指導とは直接関係のない業務が非常に多いのです。

こういった煩雑な業務に時間を取られ、授業準備がままならないという状況は、子どもの学力に直接的な影響を及ぼします。これについて、高井良《たかいら》健一《けんいち》・東京経済大学教授は、「学校の授業の質の低下は、学校外に学びの資源と機会を持っている子どもたちとそうでない子どもたちとの学力格差を拡大する」と指摘しています。つまり、教員の多忙は子どもの学力格差の拡大にもつながるのです。

一方で、これは教員一人ひとりにとってもたいへんに不幸なことです。高井良氏はこうも指摘しています。「授業が単調でわかりにくければ、教師は子どもや保護者からの信頼を失う。すると、教師は拠《よ》り所《どころ》をなくして、そのアイデンティティも揺《ゆ》らぐことになる。単なる多忙を超えて、多忙がアイデンティティの拡散や喪失につながっている現状は、けっして見過ごすことはできない」。こうした状況が、先に述べたような教員のメンタルヘルスにも多大な影響を及ぼしていると考えられるのです。

そのうえ、昨今は教育委員会から連日、教員宛に調査用紙がメールで送られてきて、その回答にも日常的に時間が割かれます。

私がかつて聞いた話では、県や市の教育委員会、あるいは国などから送付される調査関係は年間2000件。九州のある県では4000件にも上ったというウソのような本当の話もあったほどです。教師は授業の合間などを縫《ぬ》って、こうした調査書への回答や報告書のたぐいを作成して送信するなどの雑務にも追われていることになり、まさに分刻みのスケジュールで動いているといっても過言ではないのです。

近年、教育委員会の学校や教員に対する管理体制が厳しくなり、報告業務、確認業務は年々増えています。ただでさえ多忙な教師は、教育委員会への報告業務が急増したことによって、肝心の子どもと向き合う時間を奪われてしまっているともいえるのです。

もちろん、教師がいかに不利な状況に立たされているとしても、それを理由に児童・生徒と向き合わなくてよいという言い訳にはなりません。また、児童・生徒への指導は最優先されるべきであり、手を抜くことも、後回しにすることも許されないと思います。そして、どんなに息苦しい現場であっても、大半の教師はその〝本分〟を全うし、心身の疲労を抱えながらも子どもに寄り添い、手を差し伸べようとしていることでしょう。

教師を萎縮させる成果主義

文部科学省は、2007年から「全国学力テスト」(全国学力・学習状況調査)を再開させました。1964年に中止されてから、実に43年ぶりの復活です。実施対象は、小学6年生と中学3年生全員で、結果は本人に通知されるだけでなく、学校ごと、都道府県ごとの成績が公表され、学校間、自治体間の競争を煽《あお》る結果となっています。

こうして、教育現場にあからさまに競争主義、成果主義が持ち込まれることになりました。すでに述べてきた通り、1980年代に、イギリスが教育改革にあたって競争原理を導入して失敗したことが世界中で認識されていたにもかかわらず、日本はあえて教育に競争主義を持ち込んだわけです。

人々が学力テストの結果に基づいて学校を選んだり、居住区を変えたりといった行動をとれば、学力格差がますます拡大することは明白です。そして、狭い〝コップ〟の中で順位を競うわけですから、結果的には自治体全体、また、国全体の学力レベルは低下していくことになるのです。

しかし、この道理を理解しようとしない政治家や一部の経済人たちが「競争主義、成果主義を持ち込めば、個人のレベルも、学校のレベルも、自治体全体、国全体のレベルさえも向上するはず」と信じて疑わないでいるために、いま、日本では現在進行形で教育格差が急速に広がりつつあります。

成果主義のもとでは、国や自治体が、「子どもの学力をもっと上げろ」「学力テストの成績順位をアップさせろ」「いじめの件数を減らせ」などと、学校や教師を煽り、性急に〝成果〟を求めます。そして、子どものテストの成績やトラブルの有無を基準に、教育委員会が所管の学校（校長）を評価します。さらに、教育委員会から評価される立場にある校長は、高い評価を得ようと、同じような基準で部下である教師を管理・評価するという流れができてきます。

結果として、教育委員会の意に沿った学校運営をし、子どもの学力テストの成績を上げ、いじめなどの問題を生じさせない校長は高く評価され、同様に、校長の意に沿った学級運営をし、児童・生徒の成績アップを図《はか》り、いじめなどの問題を生じさせない教師は校長から高く評価されるという図式ができあがっていくのです。

しかし、評価は数値で測れるものに限られ、たとえば、不登校の子どもが心配で何度も自宅に立ち寄ったとか、仲間から外れている子どもに声を掛けて遊びの輪に入れてあげたといった努力や成果は評価されません。手が掛かる割に評価につながりにくい指導には教師たちが次第に手間を掛けなくなり、学力テストや体力テストの成績のように、数字で成果が表れる指導に力を入れるようになりがちです。また、実際にはいじめが起こっていても、それに対処するよりも、「ない」ことにしたほうが自分の評価は高く保たれるので、隠蔽されやすくなるというゆがみも生じています。

中には、校長から高い評価を得るために自分の成果をアピールするケースや、教師仲間を出し抜いて自分だけ評価されようとするケースが出てくる可能性もあるでしょう。逆に、悪い評価を避けるために、教師自身が萎縮《いしゅく》してしまい、発言や行動を自主規制するといった状況も生じえます。自分の意見は言わずに、校長の意のままに動くだけの無責任な教師が現れないとも限りません。

2000年に職員会議が従来の「学校の最高議決機関」という位置づけから「校長の補助機関」という位置づけに変えられたことを受け、東京都教育長は2001年、「校長が決める事項を、職員会議が制約するような運営で意思決定してはならない」との通知を出しました。さらに

2006年には、職員会議における教員の挙手や採決を一切禁じる通知（「学校経営の適正化について（通知）」）まで出したのです。このように、いま、教師は学校運営にかかわる自らの意見や考えを自由に述べることさえも難しくなっているのが学校現場の実状なのです。

「社会的評価が低い」という自覚

多忙であるうえ、窮屈《きゅうくつ》な管理体制のもとで成果を問われ、ほかの教師や学校との競争も強《し》いられている教師たち。何よりも子どものことをいちばんに考え、親身になって指導し、サポートすることが教師の〝本分〟であるはずなのに、上司の顔色を窺い、教育委員会の反応を気にしなければならない——。そんな状況が、子どもとしっかり向き合えない教師を生み出しているのではないでしょうか。

そして、教師自身も、自ら務めを果たすべき〝本分〟に全力を注ぐことができないジレンマを抱え、悩んでいるに違いありません。悩みに悩み抜いて、どうにもならなくなったときに心の病《やまい》に陥《おちい》ってしまう教師もいるでしょう。教職がほかの職種と比べてうつ病などの精神疾患にかかる割合が高いといわれているのはたいへん残念なことです。

前述の「OECD国際教員指導環境調査」（TALIS）の2013年の結果で、「教職は社会的に高く評価されていると思うか」との問いに、「思う」と答えた教員が、日本では参加国平均の30・9%を下回り、28・1%しかいなかったことが明らかになりました。これは、教師自身が教職に誇りを持つことができていないことの表れといえるのではないでしょうか。

教職とは、子どもの個性を尊重し、その可能性を見出し、どんなに非行に走っている子でも、専門機関と連携してその成長をバックアップする、そして、希望に溢《あふ》れた将来へとつなげることができる、そんな素晴らしい仕事なのです。子どものささやかな成長を見つけたり、優しく温かな心に触れたりすることで、教師自身も幸せをもらうことができます。教職を目指す多くの若者が、将来、自分もそうした経験を積み、やりがいを感じ、子どもと一緒に人間的に成長していきたいと夢見ていることでしょう。

ベネッセ教育総合研究所が5000人以上の小中高の教員を対象に行ったアンケート調査によれば、8割以上の教員が「いまの仕事は楽しい」と回答しています。つまり、現職にある教員も多くが仕事にやりがいを見出しているのです。にもかかわらず、TALIS（2013年）で「もう一度仕事を選べるとしたらまた教員になりたい」と答えた割合は58・1%で、参加国平均の77・6%を大きく下回っています。そこからは、現場でもがき苦しむ教師たちの姿が浮かび上がってきます。

いまの日本の教師は、過度に管理され、部活動や校務、事務仕事などを過重に課せられ、本来の教師の仕事の要《かなめ》である授業や子どもとの時間を奪われ、心身ともに疲れ果てているのです。教師としての〝本分〟を満足に全うすることができずにいる状況で、「自信を持て」「社会から評価してもらえ」といわれても、無理な話です。

「教師はたいへんな仕事」というイメージも一般化してきました。教師の指示を聞かない子どもが増え、「学級崩壊」に振り回され、「モンスターペアレント」に忍耐強く対応し、「小1プロブレム」やいじめ問題にもうまく対処していかなければならない。上司や教育委員会からの管理や評価も厳しく、気を抜けないようだ。残業も多く、部活動の指導も大変。精神疾患にかかって休職したり、退職したりする率も高いらしい——多くの人が教職に対し、そうしたマイナスイメージを抱いているのです。

これに対して、フィンランド、スウェーデン、オランダなどの教師はけっして高い報酬を得られるわけではありませんが、教師という専門職に向けられる国民からのリスペクトの高さは日本とは比較になりません。

教師の質が教育の質を左右する

東京都では、教員採用試験の応募倍率が年々低下傾向にあり、2016年度の試験ではついに過去5年で最低の6・0倍に落ち込みました。2017年度は7・1倍に持ち直しましたが、応募者数は減少の一途をたどっています。

東京都公立学校教員採用候補者選考の応募者数・応募倍率

年度(H) 区分	24年度採用	25年度採用	26年度採用	27年度採用	28年度採用	29年度採用
応募者数(A)	21,061名	20,298名	19,161名	18,074名	17,365名	16,501名
採用見込者数(B)	3,135名	3,040名	2,010名	2,910名	2,885名	2,335名
応募倍率(A÷B)	6.7倍	6.7倍	9.5倍	6.2倍	6.0倍	7.1倍

出典：東京都ホームページ／報道発表資料（2016年6月）

一方、海外に目を向けると、教職が人気の職業という国も珍しくありません。フィンランドでは、600人採用のところ、6000人が応募した年もあったそうです。

同国では、教師は修士課程を修了していなければならず、高い学力・学歴が求められます。実際に教職に就くまで理論をみっちり学び、5年間の大学生活の中で5〜7週間程度の実習を2〜3回もこなさなければなりません。大学によっては、毎年実習を実施するところもあります。きわめて実践的な教育実習を経験するので、教壇に立つときは〝プロ中のプロ〟となっている、というわけです。

ですから、マニュアルを参考に、お決まりの指導を行ったりはしません。自らカリキュラムを開発し、独自の指導法を考案し、それを実践して子どもたちの学力を引き上げるのです。

また、オランダでは教育サポートセンター（OBD）という先生たちを支援する機関がしっかりと確立されています。OBDにはありとあらゆる教材が揃《そろ》っており、専門の解説員も常駐していて教員の教材選びをサポートしてくれます。さらに、世界の最新の教育研究データが蓄積されており、自治体に代わって日常的に教員研修なども行っているそうです。新たなカリキュラムや教材が現場に導入される際に、教員に一定のスキルを担保する役割を担っているのです。

OBDのスタッフが現場の教室に赴《おもむ》いて指導したり、機材の不具合といったトラブルにも対処してくれるというのですから、その徹底ぶりが窺えます。このような十分なバックアップがあるからこそ、教員が自らのスキルを高め、豊かな実践を行うことが可能なのです。

〝管理〟でがんじがらめにされ、教員自身の自助努力に委《ゆだ》ねるばかりの日本の教職とのあまりの違いに驚かされます。

OECDの教育スキル局長であるアンドレア・シュライヒャー氏は、ある講演で次のように述べています。

「どの国においても、重要なのはシステムの質よりも教師の質です。成績上位の教育システムでは、教員採用と研修に力を入れています。厳しい状況で苦労する教師の能力をいかに高め、給与体系をどうするかをきちんと検討しています。教師が共同作業を通してよりよい実践ができるような環境を整えるとともに、専門性を高められるように研修の機会を設けています」（TED「データに基づく学校改革」、アンドレア・シュライヒャー、2012年7月）

フィンランドの教育改革を成功させた元教育大臣のオッリペッカ・ヘイノネン氏も、質の高い教育には、質の高い教師が不可欠だとして、最初に教師教育のレベルアップに着手しました。そのときに、従来は大学の学部レベルだった教師資格を修士レベルに引き上げたのです。教育の質を向上させるためには、何よりもまず、教師の質の向上が必要だということを、ヘイノネン氏もシュライヒャー氏も強調しています。

日本の教師も、研修や勉強会などでスキルアップ、レベルアップを図り、上昇志向を失わずに学び続けて欲しいと思います。TALISの結果を見ると、日本の教員は他国と比べて職能開発への意欲が高いことが示されており、十分な時間が与えられ、校長の理解や支援が得られれば、自己研鑽《けんさん》に励《はげ》む教師は少なくないことが予想できます。現状では、多忙のあまり時間の余裕がないことや、研修費用が高額であることなどが大きな障壁となっていますが、こうした問題を解消するためには、今後、国や自治体の理解と協力が不可欠だといえます。

日本独自の「同僚性」を取り戻す

教師の質の向上については国や自治体のバックアップも大切ですが、私は現場レベルでできること、教師同士でサポートし合えることも十分にあると考えています。私は以前から、教師には「同僚性」が不可欠であると主張してきました。「同僚性」とは、英語でいえば「パートナーシップ」です。教師同士がお互いに支え合い、教え合うことで、ともに成長し、高め合っていくという、日本独自の研鑽《けんさん》スタイルです。

日本の教育現場は、昔から組織内の序列が曖昧《あいまい》で、教師同士に階級差がなく、みんながフラットな関係であり、横のつながりを築きやすい環境が整っていました。そのため、外部研修に出掛けていって指導法を教わってくるよりも、身近な教師仲間の中の経験豊かなメンター的立場の人に、相談したり、教わったりすることで、日々の問題を解決し、知識や技術を増やしていくことができました。

現場の教師同士の協働関係が構築され、学校全体の教育レベルを底上げすることができてきたといえます。これは、日本が誇るべき「教育文化」のひとつだといえるでしょう。

また、担当教師が時間をかけて授業案を練《ね》り上げ、それを実践的に発表する「授業研究」も、明治時代以来続いている伝統的な研鑽スタイルです。これは、他校の教師も参加する形で行われるという意味において、より広範なつながりの中で、より多くの教師と関わりながら、レベルアップを図れる貴重な機会となります。授業後、参加者同士が意見を述べ合ったり、批評したりすることで、担当教師だけでなく、他の教師も刺激を受け、新たな知識や技能のヒントを得て、指導力の向上につなげることができるのです。

教育現場に伝統的に息づくこのような風土や文化を存分に生かすことができれば、日本の教師たちにもそれほど時間やお金をかけなくても成長できるチャンスがあるでしょうし、その資質を向上させることも可能だと思います。

しかし、それを阻《はば》むかのように、国や県の教育現場への過剰な介入・過度な管理が顕著となっています。

つい最近、教員もいくつもの職層からなる職階制になってしまいました。２００７年、安倍晋三内閣の下で学校教育法が改正されたことを受けて、統括校長→校長→副校長→主幹→主任などの管理職が置かれ、東京都など23都府県市（２０１３年度）では教員のレベルにおいても「指導教諭」などという〝得体《えたい》の知れない地位〟が与えられる自治体も存在します。

このように、近年は教師同士の横のつながりが築きにくくなっている実態があります。個々の教師も競争主義、成果主義のもとで評価されるようになり、腹を割って他の教師に悩みを打ち明けたり、教師同士が相談し合ったり、教え合ったりといったことができにくくなっているのです。

教師一人ひとりが孤立し、自由闊達《かったつ》な意見交換や議論もできず、教師間の信頼関係も希薄となり、同僚性を発揮《はっき》できるような雰囲気が失われつつある――。これでは、教師の質の向上を図るどころか、質の低下を招くことにもなりかねません。

教育現場を管理してはならない

要するに、〝学びの場〟を国が管理したり、監視したりしてはならない、ということです。それをすれば、教師のレベルは低下し、教育の質も落ちます。このことは、ヘイノネン氏も断言しています。

「多くの国で中央政府の統制が強い理由もわからなくはありません。……しかし、そこに圧力が加わると、うまく機能しないのです。なぜなら教育には自由が欠かせないからです。学ぶということは大変繊細《せんさい》で、個人的で、また非常に複雑な事柄です。私たちは、それぞれの現場、つまり、生徒、教師そして校長に任せるべきであり、阻害してはならないのです。というのも、最も重要なのはモチベーションだからです。教師の意欲、生徒の学習意欲、それこそが核心なのです。厳しく管理すれば、モチベーションが失われ、結局何もかもがだめになってしまうのです」（『「学力世界一」がもたらすもの』オッリペッカ・ヘイノネン／佐藤学、日本放送出版協会、2007年）

全くその通りです。この言葉には、非常に重みがあります。

いま、日本では教育委員会が、そして国が、積極的に教育現場に介入し、学校を、校長を、教師を、ひいては子どもたちを管理し、コントロールしようとしています。そして「〝あるべき姿〟にするため、〝然《しか》るべき方向に〟導くためだ」と、その正当性をもっともらしく主張します。しかし、教育とは本来、そのような大きな力によって操作されてはならないものなのです。もっと自由で、多様で、個人的なものであるべきなのです。

フィンランドの教育改革で、ヘイノネン氏は、教育現場に大きな裁量権を与え、子どもたちに教える内容も教え方も、現場の教師が自由に決められるようにしました。国が定めた「学習指導要領」もありますが、そこで定められていることは、おおまかな教育方針と、さまざまなテーマごとの最低授業日数と、教育の質の基準だけです。教科書検定もなく、教師は授業で使う教材を自分で準備し、学校が独自のカリキュラムをつくっているのです。

むろん、こうしたことが可能になるのは、裁量権を与えられた学校にも、教師一人ひとりにも相応の知識と技術と経験があるからです。もし、普段から学習指導要領や検定教科書に頼り切った授業を行っていたとしたら、ある日突然、個々の教師が指導内容や指導法を自由に決めてよいといわれても、戸惑ってしまうことでしょう。

しかし、日本にも研究熱心で、優秀な教師がたくさんいます。教師が授業案をじっくり考え、教材を用意する時間を与えられ、子どもと向き合い、緊密なコミュニケーションを図る時間と機会が保障されるなら、子どもたちの学力を伸ばし、人間性を豊かに育てる教育が実現することでしょう。ところが残念ながら、管理主義、成果主義に覆い尽くされた今日の教育現場では、その可能性の〝芽〟すらも、摘《つ》み取られてしまっているのが現状なのです。

また、教師の間だけでの関わり方の問題ではなく、異業種や地域との協働の必要性が今後よりいっそう増してくるように思います。たとえば、名古屋市の「なごや子ども応援委員会」がその協働の好例です。

なごや子ども応援委員会

市広報ホームページでは、その取り組みについて、「なごや子ども応援委員会は、常勤のスクールカウンセラーをはじめとする3つの職種と、非常勤のスクールポリスからなる組織で、平成26年4月に市内11ブロックの中学校11校に設置されました。常勤の専門職を学校現場に配置することで、いじめや不登校につながる問題の未然防止・早期発見や個別支援を行い、児童生徒の皆さんが主体的に人生の針路を探すことができるようお手伝いします」と説明しています。

私がある拠点校を訪問してみると、校舎に入ってすぐ右手の廊下には、

★「あ」……相手を見て聴く
★「い」……一生懸命聴く
★「う」……うなずいて聴く

なごや子ども応援委員会

職員構成

なごや子ども応援委員会は以下の4職種のスタッフで構成されています。

スクールカウンセラー
臨床心理士等の専門的知識・経験を生かし、心理教育等の観点に基づいた学校生活全般に対する援助や、児童生徒・保護者・教職員への相談対応を行います。

スクールソーシャルワーカー
社会福祉士等の福祉の専門的知識・経験を生かし、児童生徒が置かれた環境への働きかけや関係機関との連携を図ります。

スクールアドバイザー
学校に対する外部からのご意見への対応や地域との連絡調整を行います。

スクールポリス
元警察官が学校内外の見守り活動や必要に応じた警察との連携を図ります。

スクール カウンセラー	スクール ソーシャルワーカー	スクール アドバイザー	スクールポリス

職務内容

1. 学校内の日常活動を通して、教員と協働し、児童生徒の問題の早期発見に努めます。
   - 授業、休み時間、給食、清掃、課外活動、登下校時の見守り
   - いじめ等対策委員会、職員会議、生徒指導会議、現職教育等の各種会議への参加
   - 学校生活アンケートの分析・活用に際しての支援
   - 危険箇所、たまり場等への定期的な巡視活動
2. 幅広い相談対応を行います。
   - 専門性と経験を生かした幅広い相談対応
   - 各学校のカウンセラーとの連携・支援
3. 家庭、地域、関係機関との連携を強化します。
   - 学校が行う家庭訪問等への同行
   - 学校と地域・家庭との連絡調整
   - 区役所、児童相談所、警察との連携・情報交換
   - 児童虐待の場合の区サポートチーム会議等への参加
4. 未然防止につながる取り組みの支援を行います。
   - 課外活動・授業等における未然防止につながる取り組みの支援
   - いじめ予防等につながる生徒会活動等への支援
   - 人権教育推進に関わる授業づくりの支援

出典：名古屋市ホームページ
http://www.city.nagoya.jp/kyoiku/page/0000074050.html

★「え」……笑顔で聴く
★「お」……終わりまで聴く

と「傾聴のコツ」を示す5つの標語の書かれたポスターが貼ってありました。さらに、誇らしげに「子ども応援委員会」と書いたプレートが部屋に掲げられているのを見上げたとたん、私はうれしさがこみ上げてきました。ストレートに「子ども応援」と明記してあったからです。こうした委員会の名称はその多くが「相談室」となっているのですが、徹底して子どもたちの側に立ちます、味方なのです、と高らかに宣言しているようで、私には眩《まぶ》しくさえ感じられました。

私が訪れた学校には、実際に4人の専門職の方が校内に常駐しており（ただし、スクールポリスは非常勤）、教師とともに下校まで子どもたちを見守ります。SSW（スクールソーシャルワーカー）などは、放課後や日曜日の家庭訪問といった活動も行っているのですから、子ども理解が実に手厚く、安心です。

2年生の学年行事を見学させてもらうと、保健室の養護教諭がストレスマネジメントについて心理的解説をした後、常駐のスクールカウンセラーが登壇。具体的な実践方法を紹介し、子どもたちが2人一組になって実際に取り組みを行っていました。

昼休みなどには、子どもたちが常駐カウンセラーに廊下で気軽に声をかけ、談笑し合っています。「学校の先生たちと何かが違って話しやすい」と教えてくれました。子ども応援委員の4つの専門職のスタッフは、子どもたちへの評価権を持っていないために、子どもが距離を感じることもなく、親しみが持てるのではないか、とのお話でした。

このように、子どもの支援、「応援」に徹したプロが学校に常駐するのは、教師にとってもたいへん心強いようです。子どもの具体的な叱《しか》り方や思春期の理解、複雑な心理のつかみ方など専門的な立場から助言を受けることもできるため、大いに助けられている様子でした。こうした外部との連携のあり方も、今後はよりいっそう必要になってくるでしょう。

不自由な日本の教育

日本で育った私たちは、自分たちが受けてきた教育が「当たり前」のものだと思い込んでいます。日本の教育は、教科書も学習内容もほとんど横並びです。学年の途中で別の学校に転校しても、学習している単元はどの学校もだいたい同じところで、戸惑う心配はあまりありません。その意味では、〝公平〟とも受け取れるでしょう。

しかし、そうした教育制度のもとでは、教育理念や教育方針・方法に学校独自の特色を打ち出したり、教師ごとに個性的な授業を行ったりすることは難しいといえます。ひとことでいえば、日本の教育はたいへん〝不自由〟なのです。

たとえば、オランダでは、憲法で「教育の3つの自由」が保障されています。1つは「学校設立の自由」、2つめは「理念の自由」、3つめは「教育方法の自由」です。このうち、「学校設立の自由」では、地域の人口密度に比して決められた定数（以前は200人以上）の子どもを集めることができれば、市民団体などが自由に学校を創設してもいいという決まりになっています。学校設立の費用は国が全額負担してくれます。

また、「理念の自由」で、その学校が特定の宗教の教えに基づいて、あるいは宗教以外の何かで特色を出してもよいと定められています。

2013年には、ある非営利団体が、ICT教育（情報通信技術を用いた教育）に特化した「スティーブ・ジョブズ・スクール」を国内6都市に7校開設したことで話題になりました。同校では、4歳から12歳までを対象に、授業はすべて一人1台ずつ与えられるiPadで行われています。憲法で「教育方法の自由」も認められているのですから、アプリなどを駆使《くし》して授業を行うことも可能なのです。

オランダではこうした、きわめて自由度の高い私立学校が数多く設立されており、学校全体の7割を占めています。公立でも私立でも同じように国の補助金が出るため、授業料はすべて無料。子どもも親も学校を自由に選べて、通い始めた後に「合わない」と思えば、転校も自由にできます。

国は、卒業までに子どもたちに一定の学力をつけさせることを求めていますが、学年ごとの「学習指導要領」もありません。しかも、第3章でも触れたイエナプラン教育の学校などでは、授業の時間割は子どもと親が学校で話し合って決めることになっており、子ども自身の学びたいこと、親が子どもの個性を踏《ふ》まえて、「このような力を伸ばしてあげたい」ということを授業の内容に盛り込むことができます。一人ひとりが全く異なる学習目標、学習プランを立てて、各自がバラバラに勉強をするのです。一方で、日本と同じように画一的な教育を施《ほどこ》す学校も存在します。

日本の教育から見ると、信じられないほどの〝自由さ〟です。

子どもが自分のやりたいことを勝手にやったら、楽しいことや楽なことばかりやって、難しいことにチャレンジしたり、努力したりといった経験をしなくなる。結局、〝ダメ人間〟になってしまうのではないか——。日本的な教育観に立てば、そんなふうに非難されてしまうでしょう。しかし、やりたいことを学ぶ、得意なことに勤《いそ》しむということは、前出のヘイノネン氏が大切なこととして強調する「モチベーション」を高く維持できる〝学びの方法〟であることは間違いありません。

たとえば、教科書制度を見ても、教科書検定を行っている国は日本のほか、東アジアとカナダ、ドイツ（州による）など一部の国々にとどまり、フィンランドやオランダをはじめとするヨーロッパの国々、オーストラリアやニュージーランド、アメリカも「検定」は行っていません。また、教科書採択の権限を見ると、教育委員会や自治体が持っているのは日本、中国、カナダなど少数で、ほとんどの国では学校や教師がその権限を持っています。

こうして広く海外の国々と比較してみると、日本の教育がいかに〝管理的〟で〝不自由〟であるかということがよくわかります。

〝自由〟をどこまで許容するかという議論はあると思いますが、日本の教育現場にはもっと〝自由の風〟を吹かせるべきではないでしょうか。そして、教師の裁量、学校の裁量が広く認められれば、教育はもっと豊かで深みのあるものになる可能性があると私は思います。

「主権者教育」に戸惑う現場

日本の教育の〝不自由さ〟をあらためて思い知らされたのが、「18歳選挙権」が認められた後、にわかに教育現場で「主権者教育」が行われるようになった2015～16年です。

私は以前から、「日本の子どもたちは〝一人の人間〟として尊重されていない」ことを問題視してきました。日本では、子どもは〝一人前〟ではないとされ、大人が子どもの意見や主張には、まともに取り合わないといったことも珍しくありません。子どもを〝未熟なもの〟と位置づけ、大人より下に見ているからです。

これは日本特有の「子ども観」であり、欧米ではそのような視点や意識はありません。子どもも〝一人の人間〟として、大人と同じように自分の意見を持ち、考えを述べます。そして、大人もその声に真摯《しんし》に耳を傾けます。

日本に、子どもを「半人前」と見る意識が根強くあったことも障壁となり、「18歳選挙権」はなかなか実現しませんでした。しかし、２０１５年、「18歳選挙権」が国会で日の目を見たことで、18歳の「子ども」にも大人並みの〝分別〟と〝判断力〟があることがようやく認められたといえます。

これは、遅まきながらも「一歩前進」といえますが、「では、18歳の有権者にどのような政治教育をしたらよいか」という問題に直面したときに、国にも、教育現場にも混乱が広がりました。

高校生、中学生を対象にした「主権者教育」はどうあるべきか。大学紛争が吹き荒れた時代、高校でも授業妨害や学校封鎖などが相次ぎ、対応を迫《せま》られた旧文部省が１９６９年に出した「高等学校における政治的教養と政治的活動について……教師の個人的な主義主張を避けて公正な態度で」臨むことを求めた通知の後、教育現場では教師が政治について踏み込んで教えることが長らくできなくなっていたという経緯があります。しかし、２０１１年、若者の投票率向上を図ろうとした総務省が、学校教育で、「社会参加に必要な知識、技能、価値観を習得させる教育」の

です。中心となる「市民と政治の関わり」を教えるべきだとし、これを「主権者教育」と定義づけたの

２０１６年７月、「18歳選挙権」施行のもとで行われる初めての国政選挙である参議院議員通常選挙を前に、各学校が公民科の授業や特別活動などを通じて、新たに有権者となる高校生を対象とした「主権者教育」に取り組みました。しかし、総務省が「政治的中立性の確保」を厳しく求めている背景があり、教育委員会や学校管理職が過剰ともいえる警戒感で教育現場を監視したために、生徒が政治について自由闊達に議論できるような画期的な授業を実践できたケースはごく少なかったと見られています。

文部科学省が２０１６年４〜５月に、全国の高等学校、特別支援学校高等部を対象に行った調査では、高校３年生以上に何らかの形で主権者教育を実施した学校は全体の９割以上を占めていました。しかし、指導内容の大半は「公職選挙法や選挙のしくみ」に関するもので、ディベートや模擬選挙などの実践的な教育に取り組んだ学校は３割以下にとどまっています。

一方で、中学校の公民の授業で原発問題について取り上げた際、教師が新聞２紙の社説を使おうとしたところ、学校の管理職が「２紙では足りないから」と６紙使うよう指示するケースがありました。また、与党が一般向けに、政治的中立性を逸脱するような指導を行った教師について報告するようホームページで求めたりといった事態も生じました。管理や規制の動きが表立って

第3学年以上の生徒における主権者教育の実施状況

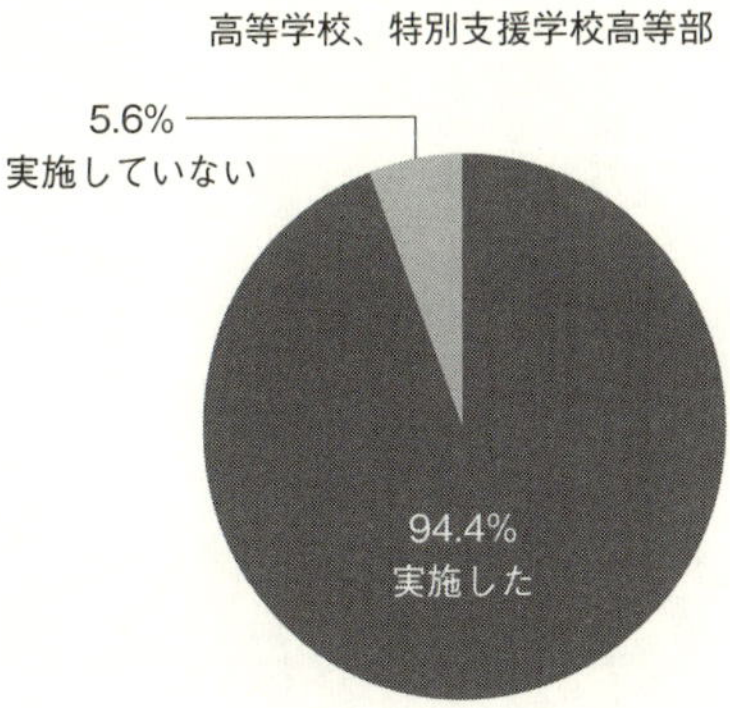

注）2015年度の実施報告

実施した主権者教育の指導内容

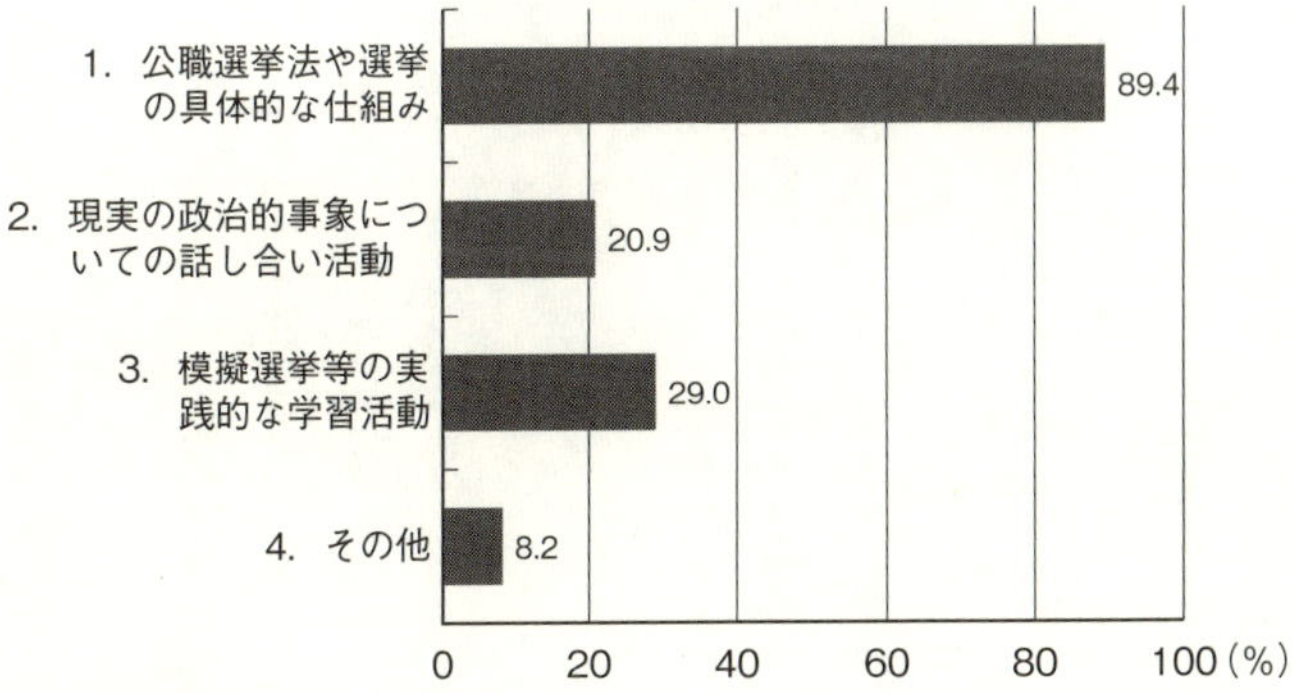

注）複数回答
出典：文部科学省「主権者教育（政治的教養の教育）実施状況調査について（概要）」（2016年4～5月）

現れたことで、萎縮した現場からは、「〝まともな主権者教育〟ができない」という批判の声が上がっています。

横浜市青葉区の投票所では18歳の投票率が全国平均を大きく上回ったそうですが、青葉署が区内の県立高校3校に電話をし、高い投票率について「政治的中立性」の観点からどのように生徒に指導したかを尋ねたといいます。このような「前代未聞」の事態に、教員の不安はいかほどだったでしょうか。明らかに教育現場への権力の「不当な介入」といわざるをえません。

ドイツの政治教育に学べ

「政治教育の先進国」といわれるドイツでは、1972年に「18歳選挙権」を実現した際、いまの日本と同じように、政治教育における「政治的中立性の確保」に関するさまざまな意見や見解が出されました。そして、1976年に、同国のボイテルスバッハという町に教育関係者や研究者などが一堂に会し、議論を闘わせた末にまとめたのが「ボイテルスバッハ・コンセンサス」（コンセンサス＝合意・同意）です。

この中で定められた3原則を満たすことが、政治的中立性を保つことになるという判断に至りました。見解や思想の異なる人たちの共通認識であり、同意事項でもある、このコンセンサスがドイツにおける「政治的中立性」の定義そのものとなったのです。ドイツの政治教育は、いまなお、この3原則に則《のっと》って行われています。

　それは、①圧倒の禁止の原則、②論争性の原則、③生徒志向の原則です。

「圧倒の禁止の原則」とは、教師が自分の意見で圧倒して、生徒が自ら判断することを妨《さまた》げてはならないというものです。「論争性の原則」とは、政治的、学問的に論争（議論）がある話題については、授業でも論争があるとして取り扱い、対立する両者の意見を提示するというものです。そして、「生徒志向の原則」とは、生徒が自分の関心や利害に基づいて政治参加ができるように、必要な能力の獲得を促《うなが》すというものです。

　このうち「圧倒の禁止の原則」と「論争性の原則」が、「政治的中立性の確保」と深く関わります。嚙《か》み砕《くだ》いていえば、教師が生徒に自分の意見を押しつけてはならないということと、社会で論争や議論が起きている問題については、対立する見解がどういうものであるかを提示し、「議論が起きている」という事実を生徒に教えなければなりません。

　ここで重要なのは、「教師が生徒の前で自分の見解を述べてはならない」とは一言も書かれていない、という点です。ドイツの政治教育の目標は、「一人ひとりが自分の意見を持つ」ことです。それは生徒だけでなく、教師も同じです。教師が自分の意見を持っていることを生徒に示すのは〝問題がない〟というより、むしろ〝望ましい〟という考え方があります。そして、生徒が政治教育を通して勉強し、見聞を広め、よく考えて、自分の意見を持てるように導くことが目標になっているのです。

そもそも、「論争性の原則」に基づき、生徒たちは、社会にはいろいろな意見や対立軸があることを学んでいます。そのため、教師の意見もその中のひとつに過ぎないと冷静に受け止めることができます。ですから、教師が自分の考えを述べたために、生徒の考え方に強い影響を及ぼすような事態を心配はしていないということです。

ドイツの歴史教育に詳しい早稲田大学教育・総合科学学術院教授の近藤孝弘《こんどうたかひろ》氏は、「こういうドイツの考え方はおおらかであるというよりも、むしろ大局的に見て合理的なのだと言っていいと思います。反対に日本に目を移すと、どうも私たちは小さなことを心配するあまり、民主主義を守り発展させるという本来の目標を忘れているようです」と指摘しています（NHK「視点・論点」〈ドイツの政治教育と中立性〉2016年5月20日放送より）。

政治教育の根幹は、「中立的な考え方や意見」を探し出して教えることではありません。多様な考え方があると理解し、その中で生徒が自分なりの意見を持てるよう、成長させることにあるのです。ただし、その過程で、教師が生徒の考えを操作したり、生徒の意見に圧力をかけたりすることはあってはならないのです。

実際、〝完全なる中立〟といえる意見や立場が存在するでしょうか。ありもしない不確かな立場を追求するあまり、現実的で実践的な政治の議論ができなくなっているのが、いまの日本の状況です。教師が一人の市民として自分の考えを述べることさえ許さない、管理と監視によって縛られた学校現場では、残念ながら真の「主権者教育」に取り組むことは難しいといえるでしょう。

学校は「民主主義の練習の場」

私は、学校というのは「民主主義のトレーニングの場」であるべきだと考えています。学校の中を小さな社会に見立て、そこで子どもたちは、民主的な意思決定の方法や仲間と対立したときの解決法、社会(学校)に対する責任意識、多様な意見や考え方の受容などについて学びます。いずれも、実社会に出てから直面する課題や問題ばかりです。社会に出る前の子どもたちにそうした学び合いの場を提供することは、学校の大切な役割のひとつです。

「民主主義」という言葉を、「子どもの頃、社会の教科書でしか目にしなかった」という大人もいるかもしれません。日本では「民主主義」という言葉が〝死語〟のようになっていますが、ヨーロッパを中心とした多くの国々の学校では、「民主主義」とは何かを教える「市民教育」(シチズンシップ教育=近代市民の権利・義務などについての遵法意識と積極的な社会参加を養い、育てる教育)に力を入れています。

ヨーロッパの中でも、とくに「シチズンシップ教育」に積極的に取り組んできたオランダでは、幼い子どもにも「民主主義とは何か」をきちんと教えています。オランダの教育研究家、リヒテルズ直子氏と対談したとき、このような話をされていたことが印象に残っています。

「例えば、4歳の子どものクラスで3冊の絵本を見せて『今日はどれを読もうか』と聞いてみる。すると、まあ、どうしても多数派の本というのが出てきて、とりあえずはその本を読むことになる。でも、シチズンシップを教えるにはそのあとが大事です。つまり、自分たちが選んだ本を読まれなかった少数派をどう取り扱うか。涙ぐんでいる2〜3人の子どもたちの気持ちをどう受け止めるか、ということです。教育の場では、多数派が、この少数派の気持ちだとか、主張だとかについて、耳を傾けることを学ばせる、……次にはどうしたらみんなが満足できるかということを、子どもたち同士で考えさせる」(『いま「開国」の時、ニッポンの教育』)。

日本の教育現場では、こうした少数派への目線が乏《とぼ》しいといえます。「民主主義」とは、本来、「人民が権力を所有し行使するという政治原理」(三省堂『大辞林』第三版)のことです。つまり、いろいろな意見を持っている民衆がいる中で、その意見が多数派意見であっても、少数派意見であっても、一人ひとりの意見が尊重されるのが本当の「民主主義」であるはずなのです。

しかし、日本の学校の「民主主義」は、クラスのみんなで考えを出し合ってひとつの意見にまとめるとき、「これこそが〝民主的な方法〟だ」といって多数決で決め、多数派の意見だけが尊重されて終わってしまうことも多いのが現状です。みんなの中に「多数決で決めれば公平」という暗黙の了解があり、自分の意見が通らなかった少数派の人も、「多数決で負けたのだからしかたない」と、自分たちの意見が抹殺《まっさつ》されてしまうことに異論を唱《とな》えません。

こうした方法は〝民主的〟といいながら、実は「民主主義」ではありません。「民主主義」が「多数派原理」にすり替えられてしまっているのです。前述のオランダの4歳児クラスの事例に置き換えれば、多数決で多数派意見が採用された後、少数派意見をどう拾い上げるか、あるいは、自分の意見が通らなかった人たちにどのような思いを寄せるか、その作業が全くなされていないということになります。

これは、教育だけの問題ではありません。いまの日本の実社会がそのようになってしまっているのです。これから社会に出る子どもたちには、せめて世界で認識されている「民主主義」の考え方について正しく理解させる必要があるのではないでしょうか。日本の教育現場が「市民教育」「シチズンシップ教育」に取り組むことは急務だといえます。

教育に子どもを参加させよう！

リヒテルズ氏は、公益財団法人明るい選挙推進協会の機関誌『Voters』（18号、2014年）で、オランダの高校生の2つのストライキについて紹介しています。ひとつは、オランダが教育改革を行った際、新制度になかなかなじめなかった高校生たち2万人が、新制度に向けた政府の体制整備が不十分だったことへ抗議したストライキ（１９９９年）、もうひとつは、教員不足による欠講が続いていた学校現場で、年間１０４０時間の授業出席を生徒に義務づけていたことに対して抗議し、数万人の高校生が授業をボイコットして行ったストライキ（２００７年）です。

こうした抗議運動は、ＬＡＫＳ（全国生徒行動委員会）という中高生の全国組織の主導によって行われています。ＬＡＫＳは１９６０年代の学生運動の流れを汲《く》んでつくられた組織ですが、１９８４年に高校生の権利取得運動によって正式に設立され、運営費用はすべて国が負担しています。活動の主な内容は、生徒の権利保護と、中等教育（中学・高校教育）の改善を目指して学校行政に抗議したり、苦情を提示したりするものです。

たとえば、大学入試問題が悪問であるといった苦情にも対応しており、その指摘が正当と判断されると採点対象から外されるほどの影響力を持っています。また、全国の中等学校（中学・高校）の生徒を対象に学校評価のアンケートを実施し、その結果を学校評価や学校運営に反映させるよう求める活動も行っています。

彼らの抗議や苦情に、政府も学校も、その都度きちんと対応しなければなりません。前述の２つのストライキについても、ひとつめに対しては、高校生が集結した広場に教育文化科学省の大臣や与野党の党首がやってきて、生徒の質問にていねいに答えました。また、２つめのときは、政府はすぐに与野党の議員参加による調査委員会を設置し、過去10年間における中等教育の制度改革をめぐる調査を行った末、政権交代の度に制度改革を行ったことが生徒に不利益をもたらしたことを認めました。

オランダの高校生の主張力、行動力にも圧倒されますが、政治家たちが高校生の抗議に正面から向き合い、直接対話し、必要な措置を講ずる姿勢にも驚かされます。日本の高校生に、こんな批判的精神や自ら主張するパワーがあるとは思えませんし、たとえそういう高校生が現れたとしても、日本の政治家がまともに取り合うだろうかと首を傾げたくなります。

教育の〝主役〟は子ども

LAKSの活動からつくづく感じるのは、「教育の主役は誰か」ということです。私たちは、それが「子ども」であることはわかっていますが、教育制度をつくるとき、教育内容や教育方法を決定するときに、子どもの意見を取り入れようと考えたことはないでしょう。大人が〝最善〟だと思うものを子どもに一方的に押しつけているだけです。しかし、大人が〝最善〟と思っているものが本当に〝最善〟なのか。そこは疑問符がつくところです。

私たち大人が子どもだったときも、その当時の大人が〝最善〟と考えた教育を与えられてきました。そのことに誰も疑問を持ちませんでした。知識も経験も豊富な大人が考えた方法が正しいに決まっていると、みんなが信じていたのです。しかし、本当はそうではないのかもしれません。

子どもの視点を取り入れることで、教育の質はぐんと高まるかもしれない。なぜなら、教育を受ける立場の子どもたちにしかわからないことが、おそらくあるからです。また、大人が与えるだけになると、教育を与える側の都合に偏《かたよ》りすぎて、受ける立場の不都合に気づいていないおそれもあるからです。

子ども自身が学びやすいと感じる制度や環境を整えるほうがいいに決まっていますし、子どもが誤解しやすかったり、理解しにくかったりする教育方法は改善すべきです。しかし、それが教育を与える側にはわからないことがままあるのです。ですから、子どもの声に耳を傾けたほうが、より効率的で、より質の高い教育が実現すると考えられます。

また、これは私の教師経験から実感したことですが、子どもたちの自主性に委《ゆだ》ねると、大人がまるで予想していなかった大きな成果を出してきます。

自主性に委ねるというのは、子どもたちに自己決定させるということ。自分で決めたことで成果が出れば、自己肯定感が高まり、さらなる意欲につながりますし、もし失敗したとしてもそれは自分たちの責任ですから、子どもたちは失敗を次にどう活かすかを一生懸命考えます。そして、自分たちの力でしっかり解決していくのです。

大人が「ああしろ、こうしろ」と一方的に解《かい》を与えていたのでは、子どもたちの力を押さえ込むことにつながりかねません。そうではなく、子ども自身がそれぞれの目標に向かうとき、彼らは無限に伸びていくことができるのです。

日本では、「教育に子どもを参加させよう」といった発想を持っている大人はほとんどいないのではないでしょうか。しかし、教育施策にも、教育実践にも、子どもの参画が必要であると断言できます。

子どもが教育に直接かかわることができるようになれば、おそらく子ども自身も変わるでしょう。大人から与えられる教育ではなく、自分たちも一緒になってつくり上げていく教育であれば、いまよりもずっと主体的に学ぼうとする意欲も湧《わ》いてくるのではないでしょうか。

小さい頃から、大人から〝お仕着せ〟で与えられたものばかり着ていると、子どもは自分で服を選ぼうとしなくなります。そうした環境では、主体性や意欲は次第に削《そ》がれていってしまうものです。ですから今後は、子どもを〝主役〟に据《す》え、発言権と主張するチャンスを認めましょう。

さらにいえば、学校教育だけでなく、地域社会に対しても、もっと子どもの参加を増やしていくべきだと思います。児童館の行事や町会のお祭り、図書館のボランティアや地域清掃など、子どもが自由に参画し、のびやかに参加できそうなイベントや活動はたくさんあるはずです。そうした機会を積極的に活用し、子どもたちが「自分も地域の一員である」という「市民感覚」を身につけていくことが大切です。

私は、彼らを「小さな仲間市民」と呼んでいます。地域社会を支えているのは大人だけではありません。子どもも一緒に参加し、支えていって欲しいと思います。そして、学校の外でも多様な人とのつながりを構築し、自分が社会の中でどのような役割を果たせるのか、さらには、自分がどんな大人になりたいのかを思い描けるようになることが望まれます。

第5章　日本の教育の未来のために——国レベルでの「6つの処方箋」

教育は日本の未来を変える

教育が人々の教養を高め、知識を増やし、問題解決能力や表現力を育成し、人生を豊かにすることは疑いようもない事実です。

教育は個人の「生きる力」を高めるために重要であると同時に、それによって培《つちか》われる個々人の論理力や批判的思考力は、その国の政治や経済、文化などを総合した「国力」全体を高める要素のひとつでもあるはずです。なぜならば、国家を支えているのは、他ならぬ一人ひとりの国民自身だからです。個人の知力が向上し、感性が豊かにならなければ、国全体の知力や感性も貧しいまま格差が広がり、他者への思いやりや想像力に乏しい人が増え、何でも他者に責任を押しつける排外主義や国家主義に陥《おちい》りかねません。

日本ではややもすると、高い資金を投じなければならない割に、短期間で目に見える成果が得られにくい「教育」は軽視されがちです。しかし、経済や医療や福祉が重要であるのと同じように、教育もまた、新しい哲学を確立し、新しい国づくりを進めるのに有効な力であり、国にとってはきわめて重視すべき分野であるはずです。このことを理解している日本人は、残念ながらまだまだ少ないように思います。

小中学校の学校教育の基準となる学習指導要領が約10年ぶりに改訂され、2020年から順次実施されます。従来の知識偏重型の「詰め込み」教育から、思考力や表現力、コミュニケーション力を主体的に育《はぐく》む「世界標準の教育」への転換が方向づけられています。これを機に、日本が「量」よりも「質」を重視する教育へとレベルアップさせていくことが期待されます。

いまこそ、新たな社会観に基づいた枠組みの中で、新たな「教育観」「発達観」「子ども観」「学力観」を国民にしっかり提示し、それらを市民レベルにおいて一人ひとりが共通認識すべき時期かもしれません。そこで、本章では、「日本型キー・コンピテンシー」について再確認し、私から日本の教育に向けた６つの提言をしたいと思います。

国民が共有する新しい「教育観」

グローバリゼーションが進行する今日、先進諸国において、教育はすでに「量」の時代から「質」の時代へと転換しています。たとえば、これまでご紹介したように、フィンランドでは、試行錯誤《しこうさくご》しながら「教える教育から学び支援する教育へと転換」（『フィンランドは教師の育て方がすごい』福田誠治、亜紀書房、２００９年）を果たしました。こうしたコペルニクス的な「教育観」の転換には、「人間個々人が市民としてそれぞれ違う能力を身につけてもよいと考える」（同）教育観が底流にあり、「学者だけでなく、行政官も、親も教師も生徒も、財界人も政治家も、たいていの人はそう思っている」（同）のです。

翻《ひるがえ》って日本の現状を見ると、果たして「教育観」や「学力観」への国民的コンセンサスは存在しているでしょうか。それ以前に、日本では、コンセンサスを形成するための十分な努力がされてきたといえるでしょうか。

むろん、「教育観」や「発達観」「子ども観」「学力観」は固定されたものではなく、政治体制や国家目標などと連動する〝宿命性〟も帯《お》びています。しかしながら、それらは時代とともに変化しながらも、国づくりの「ビジョン」とともに提示され、議論され、合意形成がなされて初めて機能するものです。

日本ではこれまで、時々の政治家や学者らの一部の主義主張だけで「教育観」や「学力観」が規定されてきました。1989年改訂の学習指導要領に「新学力観」が導入されたときもそうでしたが、上《うわ》っ面《つら》の「学力向上」を求める操作された〝世論〟と、政治的な圧力により、とくにこれといった根拠もないまま、授業時数や教える内容を増加させる方向、すなわち「量の教育」へと逆転してしまったのです。

こうして、学習指導要領が改訂されるたびに教える内容を増減させたり、総合的な学習の時間を削ったり、また復活させたり、「外国語活動」を取り入れたり、道徳が教科化されたりしています。本来、長期的な展望のもと、十分な議論の結果、現場にもたらされるべき「変更」が、いきなり現場に下りてきて混乱を重ねているのが現状です。

学習指導要領ひとつとっても、確固たる「教育観」「学力観」が示されているとは言い難く、その〝不確かさ〟が、国民全体が共有する「教育観」「学力観」、また肝心の「発達観」や「子ども観」などが確立されない大きな要因になっているといえます。まずは、国が教育へのビジョンを明確に示し、次に、それについて多様な側面から議論を深めることが重要です。

そのうえで、針路を社会全体で導き出し、学校も、教師や生徒も、そして、親も一丸となって進んでいく。そうならなければ、本当の「教育改革」を実現することはできません。

教育を取り戻す「６つの処方箋」

では、日本の未来を拓く「教育観」「学力観」「発達観」「子ども観」の確立のために、いま、何が必要なのでしょうか。そして今後、日本の教育はどのような方向に向かえばいいのでしょうか。国レベルで取り組むべき教育改革の方向性として、６つの処方箋《しょほうせん》を提案したいと思います。

①世界標準の学力観・子ども観を

> 処方箋１　国際的な「学力観」「子ども観」への転換を

ひとつめは、国際的な視点を持ち、世界標準の「学力観」「子ども観」への転換を図《はか》ることです。これまでの市場主義原理一辺倒に塗《ぬ》りつぶされた「教育改革」の路線から脱し、国際社会で認められている「知識基盤社会」「多文化共生社会」「リスク・格差社会」「成熟した市民社会」が求める学力論に立脚した「教育改革」への方向転換が求められます。

現行の「知識偏重型」学力観は、第1章でも見た通り、とうの昔に時代遅れになっています。グローバリゼーションが進展する今日の世界では、すべての国民がいつでも、どこでも学ぶことが可能になりました。いまや、自らの知識・技術水準を引き上げ、市民として自己実現した生活を送ることができる「生涯学習社会」を築くことが一大目標となっています。生涯にわたる「学習権」の保障は、21世紀における新しい〝基本的人権〟であるといってもいいでしょう。これは、個の自己実現のためだけでなく、今日のIT社会におけるわが国の経済競争力をも鍛《きた》え、結果的に経済活動を幅広く下支えする力につながるのではないでしょうか。

さらに現代は、「多文化共生」と「サステイナブル（持続可能）社会」を目指す「地球市民」の育成が求められる時代です。人々の価値観は多様化し、「よい大学に入るため」「よい会社に就職するため」に勉強し、入試に合格していけば幸せになれた時代はすでに終わっています。広い視野を持って多くの人と協働できる「地球市民」としての力——それこそが、これからの時代に求められる能力なり、「学力」なのです。

国民一人ひとりが学びの機会を潤沢《じゅんたく》に与えられ、賢明な「地球市民」として育つことが、やがて日本の命綱（ライフライン）となる時期がやってくるでしょう。そして、そのために、国が教育という分野をもっと重視し、惜《お》しまず投資することが強く求められているといえます。

ですから、欧米に見劣りする教育予算はせめて、OECD平均並みの対GDP比に増額すべきです。高等教育費の家計負荷も、OECD平均21％に対し、日本は51％と高負担になっているので早く是正する必要があります。

「子ども観」に関しても、国際的な標準を目指していくことが求められています。欧米のような、大人のパートナーとしての子ども、権利主体としての子ども、という「子ども観」を確立していくことです。日本では、子どもは発達途上の保護される対象としての側面が強くとらえられ、その割に「保護」されて大事にされているわけでもない、という深刻な問題があります。

改善への具体策として、「子どもの権利条約」の社会的実現に向けて、国を挙げて全力を尽くすことが求められます。

日本は、1994年にこの条約を批准しているにもかかわらず、社会的に無視し続けてきました。このことが、若者の自立を遅らせ、その力を引き出せない今日の停滞状況を生む背景となっています。ここを打開するため、この条約の内容について国が周知徹底することが必要でしょう。中でも、あらゆる領域における「子ども参画」の実現は急務といえます。この分野の進展が

「子どもと大人のパートナーシップ」を社会全体に浸透させ、日本社会に活力を生み出す強力な推進力となることでしょう。

②競争主義を脱却する

処方箋2　競争主義から脱却しよう

第2の処方箋は、教育の領域において、その目的や手法として「他者との競争や比較」を基軸に据《す》えるのはやめようということです。これまで見てきたように、フィンランドなどほかの国々では、競い合いをやめたことで教育の質が高まり、子どもの学力も向上したという成果を得ています。

競争は、一部の勝者にはインセンティブを与える一方で、その他大勢の「負け組」を量産し、その子どもたちからは自信とプライド、学習意欲をも根こそぎ奪ってしまいます。「負け組」になった子どもたちは、学校の勉強だけでなく、広い意味での「生きる意欲」をも削《そ》がれ、「どうせ、自分は何をやってもダメな人間だ」と、豊かに生きる希望や目標を持つことをあきらめてしまう可能性があります。これは社会全体、教育界全体からすれば、とてつもなく大きな損失といえます。

そもそも、学習活動において、他者と比較することにほとんどメリットはありません。むしろ、自分自身で自己の目標を立て、その目標に向かってひたすら努力し、その結果どこまで達成できたのかを自分自身で評価する。そうしたプロセスを経ながら成長することに大きな意味があるのです。あくまでも、自己の目標にどれだけ近づけたか、自己実現がどれだけできたかという達成感と充実感が本来の学習の目的なのです。

求められているのは、学校から強《し》いられ、人と競い合う「勉強」ではなく、自ら学び、よりよく働き、豊かな人生を送るうえで必要なリテラシー（能力）を獲得するための「学習」です。他者に勝つという目標は、それを達成した時点であっけなくゴールイン。いくらでも伸びる可能性がある子どもたちに、誰かに勝つことで終わってしまうような、そんな貧しい教育しか与えられないとすれば、それは憂慮すべきことでしょう。そうならないために、まず、競争や比較をやめることが求められているのです。

③学びの主役を「子ども」に

処方箋3　教育の手法としての「子ども参加」——子どもを学びの主体として捉える

これまで強調してきたように、教育の主体、学びの主体は子どもです。つまり、子どものための教育を考えるとき、〝主役〟である子どもを中心に置くことは至極当然といえます。

アメリカの著名な心理学者アブラハム・マズローの「欲求段階説」では、人間の欲求は、①生理的欲求→②安全欲求→③社会的欲求→④自我欲求→⑤自己実現欲求と、〝低次〟から〝高次〟に向けてステップアップしていくとされています。このことは、学習に置き換えて考えることもできます。

たとえば、「テストに合格する」とか、「成績の順位を上げる」というような、〝低次〟な欲求が一度満たされてしまうと、人間は同じような〝低次〟の目標をいくら達成しても、満たされることはなくなります。〝低次〟の目標とは、達成したらそれで終わり。その先に発展していかないような安直な目標です。

「百ます計算」や脳トレゲームなども似ていて、最初のうちは時間が短縮できて、よい成績を収められるとうれしいのですが、慣れてくると、どれだけ好成績を収めても本人は充実した気持ちを味わいにくくなるのです。それは、〝トレーニング〟を繰り返し、要領だけでこなすスキルが上達しても、そこに「学びがい」を感じることがないからです。

高いインセンティブとしての「学びがい」があり、それがさらに「生きがい」や「働きがい」という〝高次〟の欲求へと昇華しない限り、意欲が無限に発展し続けることはありえません。

このように、「学びがい」を追求する観点からも、トレーニングで要領を得て得点をアップさせることを目標にする方法では、インセンティブを高める学びにはつながらないことがわかります。

では、真に子どもたち自身のためになる教育の手法・視点とはどのようなものでしょうか。

それは、子ども自身が参加し、主体となって体験して、自ら思考し、想像し、工夫し、時にはつまずき、場合によっては他者と協力して解決することによって身につく「学び」です。学校教育においては、「探究型学習」や、一斉講義形式で授業を〝受ける〟のではない、本来の意味でのアクティブ・ラーニングを積極的に取り入れていくべきです。また、授業における学習活動以外にも、行事や課外活動、生徒会活動など、学校におけるすべての活動において、子ども参加・参画の視点を貫くことが重要です。

たとえば、昨今大きな問題となっているいじめ問題やSNSにまつわる問題など、子どもの生活に密着したテーマの学びは、子どもたちのインセンティブを高めます。このようなテーマにおいてこそ、その解決の主役は子ども自身であるべきです。いじめは大人の側の監視体制や加害者へのペナルティ強化だけで克服できるほど甘くはありません。

東京都足立区の辰沼小学校では、学校全体の楽しい学校環境を子どもたちが自分たち自身でつくっていくという視点で、子どもが主役となる「いじめ防止」活動が行われています。子どもが主役の学校づくりは、子どもたちの自主的・自治的力量形成を通して実践することができるのです。「主体的な学び」は、ひとつの欲求を満たすことによって、次の「対話的」段階へと発展していける「深い学び」といえます。そして、そういう「アクティブな学び」の場が提供されれば、子どもは自己肯定感を豊かにし、学習意欲を高めていくことができるに違いありません。

さらに、そうした学びの場を、学校のみならず、社会のあらゆる領域に拡大・充実させることが必要だといえるでしょう。

④個に寄り添う教育を実現

処方箋４　個に寄り添う教育へ——多文化共生社会に求められる教育の視点

第４に提言したいのは、「個に寄り添う教育」、すなわち広義のインクルーシブ教育です。日本の教育界には一斉主義や全体主義が根強くはびこっていますが、もしその子が何らかの学業が得意であれば、それを伸ばしていけばいいし、違う領域が得意なのであれば、それを伸ばしていけばいい。発達上の問題を抱えていれば、それを支援していけばいい。教育とは、１００人いれば１００通りのアプローチがあるのです。

クラスが多様な能力、個性、考え方の子どもの集まりであり、その交流がなされることで、クリティカルシンキング（批判的思考力）が鍛えられ、お互いの学力を向上させていくことができるのです。自分とは異なる能力や個性に刺激され、人格の形成や人間理解力、コミュニケーション力なども同時に高めることもできるでしょう。

クラスは社会の縮図です。勉強がよくできる子も、そうでない子も多様に存在する中で、それぞれが「なぜ」「どうして」という問いかけを大切にし、論じ合い、協力し合い、学び合ってひとつの課題に挑戦していく。そして、個々の子どもの個性や能力が多彩に響き合うことで、そのクラスはひとつにまとまり、輝く――それがインクルーシブ教育の根幹です。

優れた面も気になる部分も、隠れた才能も含めて、子どもたちの個性をのびやかに活かしながらどこまでも伸ばしていくためには、「個別教育」が最高なのです。その実現のためには、学力一本で評価するのではなく、個を伸ばし、寄り添ってサポートしようとする発想や姿勢を大人が持つ必要があるでしょう。

ところで、このような「個に寄り添う教育」が必要なのは、学力面にとどまりません。

第1章などでも述べた通り、これからは世界だけでなく、日本国内でも「多文化共生」社会の傾向に拍車がかかってきます。外国人の子どもや、ムスリムなどこれまで日本ではあまり馴染《なじ》みのなかった宗教信仰を持つ家庭など、多様な文化的バックグラウンドを持つ子どもがともに学ぶ場面も増えていくことでしょう。また、〝性の多様性〟の問題も重要です。ある調査によれば、セクシャル・マイノリティを表す「LGBT」に当てはまる人の割合は「13人に1人」という数字も出ています。小・中学校で考えると、1クラスに2〜3人いるという計算になり、もはやマイノリティとはいえないほど、実は身近な存在になっているのです。ところが、世界の国々に比べ、日本はセクシャル・マイノリティの問題が表面化しにくいといわれています。彼らの多くがそのことを誰にもいえず、一人で悩んでいるのです。これは、日本の社会や人々が多様性を受け入れることができていない現状を示すものといえるでしょう。

いま、一人ひとりに寄り添い、個性や多様性を認め合う感性や、いじめや差別につながらないようにサポートする体制が、教育の現場や社会に求められています。

そのようなきめ細やかな授業や指導、サポートを行うためには、習熟度別のクラスを編成するのではなく、もともとあるクラスの規模を小さくするほうがはるかに有効です。日本の学級は基本的に40人単位ですが、これではあまりにサイズが大きすぎます。できれば、一クラス20人以下の規模になることが望ましいといえるでしょう。そして、クラスが少人数化されても〝多種多様〟な子どもの集まりにしておくことを忘れてはなりません。

⑤子どもの学力保証は国の責務

処方箋5　国の責務として、子どもの学力保証を実現する

第5の処方箋として強調したいのが、国家が「学力を確実に保証せよ」ということです。日本のように、履修主義（一定の出席日数を満たしていれば、成績のいかんにかかわらず進級・卒業を認める考え方＝「学年主義」）をとっている限り、憲法第26条にある「能力に応じた教育を受ける権利の保障」などできる道理がありません。

高校を卒業しても、高校卒業レベルの学力が身についていない。いまの日本の教育現場では、こうした実態などざらにあるのです。入学したばかりの大学1年生に、まずは高校卒業レベルの基礎学力をつけさせるための補習授業を行う大学も珍しくありません。高等教育の現場でこんな基礎教育から始めている国が、世界のどこにあるでしょうか。このような学力不足の大学生を量産してしまった背景に、日本独特の履修主義があるように思います。

日本の場合、この履修主義に競争原理を組み合わせ、個々の子どもの能力や環境、学習条件などは全く無視した、乱暴な「学力アップ競争」を仕掛けているのです。

このような考え方や様式を採用している限り、たとえ未来型の学力観を導入しようとしても、ヨーロッパ諸国のように一人ひとりの子どもの学力を確実に保証することなどできません。学力を保証するということは、達成目標に到達できない子どもを放置しないということです。もちろん、すべての子どもに対して行わなければなりません。

「すべて」とはいえ、教育を提供する側が手前勝手に決めた「標準的な学力」を、判で押したように全員に身につけさせるという意味ではありません。学力は一人ひとり異なるものであり、学習目標も個々に違います。その一人ひとりに対して、その子にふさわしい「学力を保証する」、すなわち、「個に応じた学力を保証する」ということです。

そうなると、従来の一斉授業ではとうてい対応できません。個別の指導・支援が不可欠になります。これを、一人の教師が40人の児童・生徒に提供できるのかどうか、という問題です。これが、前項で述べたように、少人数学級であることが求められる最大の理由です。

授業の方法論や学級サイズだけの問題ではありません。経済的理由で必要な教育を受けることができないケースのような、子どもたちに一切責任のない理不尽な学力格差の現状は何としても打開する必要があります。そのためには、せめて、「義務教育の無償化」は実現すべきでしょう。さらに、給付型奨学金制度の充実、開始を急ぐ必要があります。

⑥学校を命と安全を守る場に

> 処方箋6　子どもの命と安全を大切にする学校へ

教育の役割は、子どもの学力や能力を向上させ、人間的な成長を促《うなが》し、人格の完成を目指すことです。しかし、忘れてはならない、もうひとつ大事な役割があります。それは「子どもの命と安全を守る」役割、原則です。第6の処方箋として、学校を「子どもの命を守る」「子どもの命を大切にする」場にすることを、とくに強調しておかなければなりません。

最近、幼保・小・中・高校の運動会で披露《ひろう》される組み体操の「ピラミッド」の危険性が話題になりました。3段程度のピラミッドならまだしも、5段、10段のピラミッドに挑戦する学校も増えており、段数はエスカレートする傾向にあったといわれています。

千葉県松戸市立病院の庄古知久《しょうこともひさ》救命救急センター長（当時）が、日本スポーツ振興センターから取り寄せた資料に基づいて公表したデータによると、全国の組み体操の事故件数（ケガや病気）は2011年度から4年連続して毎年8000件を超え、うち骨折が2000件以上だといいます。2014年度に限れば、頭蓋骨や脊椎《せきつい》などの骨折、肺や腎臓などの損傷といった「重度外傷」が84件も報告されていました（読売新聞2016年2月6日付）。

心身ともに大切な成長過程にある子どもが、教育現場の学校で、しかも教師の指導下にありながらこれほど重大な危険にさらされていることに、教育関係者のみならず、多くの国民がショックを受けました。組み体操の「ピラミッド」は、これまで多くの学校で保護者の感動を誘う〝花形種目〟として、運動会のクライマックスを飾ってきました。しかし、その陰で、子どもたちは、命の危険にさらされながら苦しい猛特訓を積んでいたのです。

10段ピラミッドの場合、試算によれば、最下段の生徒の背中には最大200キログラム以上の負荷がかかるそうです。発達途上の身体の子どもが、その重みと痛みに耐えることにどんな「教育効果」があるというのでしょうか。

このことが問題になって、各自治体や学校はようやく、ピラミッドの段数を低くしたり、取りやめたりする方向に動きました。それでもまだ、「ピラミッドのない運動会なんて……」とぼやいている地域もあるようです。子どもを犠牲《ぎせい》にしてまで感動したいのでしょうか。

この問題に触れて、「学校の中は安全」という考え方は〝神話〟に過ぎなかったのだと痛感させられました。

私自身、中学校の教師として学校現場で子どもたちと過ごした経験がありますが、当時、「子どもたちは学校の中で守られている」「教師は子どもを守っている」と信じていましたし、そういう自負もありました。しかし、昨今、テレビや新聞を賑わせるニュースは、体罰によって子どもが心身ともにダメージを負わされたり、いじめによって自殺に追い込まれたりといった、悲しむべき報道ばかりです。教師も、学校も、「子どもを守れない」状況がまだまだあるということです。

この現実を、教育者は、そしてすべての大人は、しっかり受け止めなければなりません。大人が本気で子どもの安全と命を守る覚悟を見せなければいけないと思います。

いじめの問題にしてもそうです。

学校や教育委員会は、いじめがあるかないか、多いか少ないかということにこだわりますが、「子どもを守る」という視点があれば、そこに意識は向かわないと思うのです。

教育現場で子どもがいじめに遭《あ》っていないだろうかと心配するのなら、いじめに遭っている子どもを一人でも多く見つけ出して、救ってあげなければならない――そう考えるのが教育者ではないでしょうか。であれば、「いじめの報告件数が少なくてよかった」などという安直な考えには至らないはずです。

当たり前のことを当たり前に

残念ながら、教師の中にも「子どもを守る」という意識の希薄な人がいます。いじめが発覚した後、「いじめに気づかなかった」「いじめられているのではなく、からかわれているだけだと思った」などというコメントしか出てこない教師がいます。教育者としては非常に〝鈍感〟で、危機意識がないと思います。

いじめはいつ、誰にでも起こりうるという認識を教師が持つことは大前提です。たとえば、教室でプロレスごっこをしてふざけ合っているような2人組を見つけたとき、「あの子はもしかしたらいじめられているのではないか」と、念のためその可能性を疑ってみることが必要ではないでしょうか。

大事な子どもの命をあずかっていることの責任を感じていれば、もっと想像力を働かせて、いろいろな可能性を探ってみるべきでしょう。最悪の事態も考えて、周りの生徒にちょっと探りを入れて実態をつかもうとすることもできるはずです。その結果、いじめでないとわかれば、それはそれで済ませられることです。

最近の教師は事務作業も多く、多忙であることは理解できます。「どんなに子どもと向き合いたくても、現状ではその時間がない」といわれるかもしれません。しかし、事務作業と、子どもの命を守ることと、どちらを優先すべきかは明白です。

一人ひとりの教師が、子どもときちんと向き合い、子どもの命を守ることに真っ先に取り組めるように、学校も、教育委員会も、自治体も協力して、教員をバックアップしていくことが求められます。

この点で、2013年施行の「いじめ防止対策推進法」の見直しにあたって、「対策協議会」による改正提案の「案」（2016年10月24日）は、きわめて秀逸といえます。「教職員の日常業務の優先順位において、自殺予防、いじめへの対応を最優先の事項に位置付けるよう促す」とされていて、いじめ対応が多彩で多方面にわたる学校業務の中でも「最優先業務」であることを明確にしています。

詳しく述べるのはまた別の機会に改めますが、改正案の検討事項は、いずれも子どもの命を守ること、楽しい学校づくりに主眼が置かれた、きわめて的確で展望豊かな内容となっています。

そして、子どもの命を守ることに、誰よりも真剣になれるのは両親です。学校や教師の目の届かないところで子どもの異変に気づいたときは、声を掛け、見守ってほしい。そして、願わくは、保護者同士も協力し合って、学校や地域とともに、わが子だけでなく、あらゆる子どもたちを大人として見守ってほしいのです。

学校であれ、家庭であれ、地域であれ、どんな場所であっても、私たち大人は、いつでも目の前にいる子どもの命が危険にさらされることのないよう、見守り、保護すべき立場にあるのだと思います。社会に生きる大人みんなが、社会に生きる子どもみんなを守る。それが本来の社会のあり方ではないでしょうか。一人ひとりの大人が「子どもたちを守らなくてはならない」との強い意志と覚悟を持っていれば、虐待などももっと減らすことができるはずです。

あまりにも当たり前のことですが、安全が確立され、生命が保障されているということは、教育や学力以前に、子どもの成長に関わる大切な問題です。命の安全が約束されてこそ、子ども自身も安心して学ぶことができるのです。

あとがきに代えて――重要な親の役割

「教育」というと、多くの人は「学校教育」を思い浮かべるかもしれません。

本書では、これまでの日本の学校教育が十分にその責任を果たさず、さまざまな負担を教育現場や家庭、そして子ども自身に押しつけている実態を詳《つまび》らかにしてきました。こうした学校教育のゆがみに加え、社会の急速な変化が、個々の家庭に大きな不安をもたらしているものと考えられます。

その一方で、子どもたちは家庭、地域、そして社会の至るところでさまざまなことを学び、成長していきます。中でも、家庭教育が子どもの「生きる力」の形成に及ぼす影響は非常に大きいと思います。どのような家庭で育ったのか。親がどのように子どもの成長を支え、どんな価値観を共有してきたのか。それらは、子どもの思考や興味・関心、判断などを左右します。自分自身の人生を振り返っても、「どんな家庭に育ったのか」が人間形成に深く関わっていたように思います。

ですから、保護者のみなさんには、学校教育の実態と問題点にしっかり目を向けたうえで、各家庭こそ〝教育の場〟であり、親であるご自身は、学校や地域と一体となって子どもの学びをサポートし、成長させる役割を担《にな》う存在なのだという自覚を持って欲しいと思います。そして、家庭では、社会的モラルやマナー、さらにいえば、家庭独自の文化や価値観を伝え、育てて欲しいと思います。それぞれの家庭には、それぞれの文化があります。家庭ごとに異なっていることがむしろ自然なのです。

わが子の教育について真剣に考えていて、確固たる教育観を持った家庭で育つ子どもは、アイデンティティもしっかり確立され、自分の意見を述べたり、主張したりできます。やはり、「家庭の教育力」が子どもに与える影響は大きいのです。これは言い換えると、親の教育に対する姿勢や考え方が問われているということでもあります。

本書で一貫して述べてきたように、国家がその国の子どもの学力に責任を有することは自明《じめい》の理《り》です。それと同時に、親が〝個〟としてしっかり自立していること、親自身が自分の考えをきちんと持った自己主張できる大人であるのか、多様性を受け入れることができているのか、ネット社会化の進行など最近の著《いちじる》しい変化に対応していく姿勢と覚悟を持てているのか、周囲とコミュニケーションをとりながら協働することができるのか――など世界的でスケールの大きな姿勢や思考が鋭く問われているのだと思います。すなわち、キー・コンピテンシーの視点は、子どもだけではなく、むしろ大人にこそ求められているのではないかということです。

教育とは「人づくり」にほかなりません。子どもたちが、今日のグローバルな世界を生きる社会の一員として、思慮深い洞察力を持ち、先を見通すことのできる知性に溢《あふ》れた人間に育つために、そして何よりも子ども自身が幸せな人生を歩むために。家庭、学校、社会全体が手を携《たずさ》えて、いまの希望のない教育を変えていかなければならないと思います。私もそのために全力を尽くす決意です。

2017年1月

尾木直樹《おぎなおき》

参考文献

『新・学歴社会がはじまる――分断される子どもたち』尾木直樹、青灯社、2006年

『教育破綻が日本を滅ぼす！――立ち去る教師、壊れる子ども達』尾木直樹、ベスト新書、2008年

『いま「開国」の時、ニッポンの教育』尾木直樹・リヒテルズ直子、ほんの木、2009年

『「全国学力テスト」はなぜダメなのか――本当の「学力」を獲得するために』尾木直樹、岩波書店、2009年

『おぎ・もぎ対談　「個」育て論』尾木直樹・茂木健一郎、青灯社、2013年

『世界教育戦争　優秀な子供をいかに生み出すか』アマンダ・リプリー著、北和丈訳、中央公論新社、2014年

『日本標準ブックレットNo.14　今求められる学力と学びとは――コンピテンシー・ベースのカリキュラムの光と影』石井英真、日本標準、2015年

『諸外国の初等中等教育』文部科学省生涯学習政策局、明石書店、2016年

『教育という病――子どもと先生を苦しめる「教育リスク」』内田良、光文社新書、2015年

『フィンランドの教育――教育システム・教師・学校・授業・メディア教育から読み解く』北川達夫・中川一史・中橋雄・佐藤幸江・Tarja Malmi-Raike、フォーラム・A、2016年

『岩波講座　教育　変革への展望1　教育の再定義』佐藤学・秋田喜代美・志水宏吉・小玉重夫・北村友人編、岩波書店、2016年

『大学入試改革――海外と日本の現場から』読売新聞教育部、中央公論新社、2016年

『公教育をイチから考えよう』リヒテルズ直子・苫野一徳、日本評論社、2016年

『岩波講座　教育　変革への展望4　学びの専門家としての教師』佐藤学・秋田喜代美・志水宏吉・小玉重夫・北村友人編、岩波書店、2016年

『フィンランドは教師の育て方がすごい』福田誠治、亜紀書房、2009年

制作協力　臨床教育研究所「虹」
編集協力　前田 拓／岩川 悟（株式会社Cowboy Song）
石原順子

尾木直樹

1947年、滋賀県に生まれる。教育評論家、法政大学教授。早稲田大学卒業後、私立海城高校、東京都公立中学校教師として、22年間にわたり「子育てと教育は〝愛とロマン〟」をモットーに、ユニークで創造的な教育実践を展開。2003年、法政大学キャリアデザイン学部教授に着任。2012年からは法政大学教職課程センター長・教授に就任。主宰する臨床教育研究所「虹」では、所長として子育てと教育、いじめ問題、メディア問題等に関する現場に密着した調査・研究に精力的に取り組み、その成果は200冊を超える著書などにまとめられている。「尾木ママ」の愛称で親しまれ、講演活動、メディア出演、執筆活動など幅広く活躍中。

講談社＋α新書（プラスアルファ） 331-2 C

取《と》り残《のこ》される日本《にほん》の教育《きょういく》

わが子のために親が知っておくべきこと

尾《お》木《ぎ》直《なお》樹《き》

2017年1月19日第1刷発行
2017年3月 1 日第2刷発行

発行者――鈴木 哲

発行所――株式会社 講談社
東京都文京区音羽2-12-21 〒112-8001
電話 編集(03)5395-3522
販売(03)5395-4415
業務(03)5395-3615

カバー写真――古橋マミ子／アフロ
デザイン――鈴木成一デザイン室
カバー印刷――共同印刷株式会社
印刷――慶昌堂印刷株式会社
製本――牧製本印刷株式会社
本文図版――朝日メディアインターナショナル株式会社
本文データ制作――講談社デジタル製作

定価はカバーに表示してあります。

落丁本・乱丁本は購入書店名を明記のうえ、小社業務あてにお送りください。

送料は小社負担にてお取り替えします。

なお、この本の内容についてのお問い合わせは第一事業局企画部「＋α新書」あてにお願いいたします。


ISBN978-4-06-272972-7

講談社+α新書